분노를 넘어, 김동연

분노를 넘어, 김동연

그의 꿈과 대한민국이 만나는 순간

초판 1쇄 2025년 4월 18일 발행

지은이 김동연
펴낸이 김현종
출판본부장 배소라 **책임편집** 에디터스랩
디자인 푸른나무디자인 **마케팅** 안형태 김예리
미디어·경영지원본부 신혜선 문상철 신잉걸

펴낸곳 (주)메디치미디어
출판등록 2008년 8월 20일 제300-2008-76호
주소 서울특별시 중구 중림로7길 4
전화 02-735-3308 **팩스** 02-735-3309
이메일 medici@medicimedia.co.kr **홈페이지** medicimedia.co.kr
페이스북 medicimedia **인스타그램** medicimedia

© 김동연, 2025
ISBN 979-11-5706-423-6 (03300)

분노를 넘어, 김동연

그의 꿈과 대한민국이 만나는 순간

김동연 지음

메디치

분노를 넘어
새로운 대한민국으로 가는 유쾌한 반란,

함께 할
깨어있는 시민 여러분께.

탄핵소추안이 국회 본회의를 통과하는 순간 시민들과 함께

분노 그리고 반란

정치에 뛰어들었다. 숱한 제의를 다 거절하면서 선을 그었던 정치의 장, 그것도 대선판에 단기필마로 뛰어들었다. 거대 양당에 들어가지 않았다. 정치 스타트업을 새로 시작했다. 무모하다고 만류하는 사람들이 많았다. 그러나 그만큼 절박했다. 대한민국이 이대로 가서는 안 된다는 절실한 생각 때문이었다. 대한민국을 바꾸고 싶었다. 승자독식 구조를 깨고 싶었다. 진흙탕 대선판을 미래 비전과 어젠다로 승부하는 장으로 바꾸고 싶었다. 우리가 안고 있는 모든 문제를 푸는 첫 단추를 정치가 쥐고 있었다. 경제부총리까지 하면서도 실현하지 못하고 좌절했던 우리 경제 패러다임을 바꾸는 일뿐 아니라 다른 문제들도 마찬가지였다.

정치는 분노를 먹고 산다. 나 역시 분노가 없었다면 애당초 정치하려는 동기가 생기지 않았을 것이다. 세상에 불만을 갖고 시대와 불화하지 않았다면 굳이 정치를 시작하지 않았을 것이다. 그렇다. 세상에 대한 분노가 정치를 하게 만들었다. 그렇다. 세상을 바꾸고 싶어 정치를 하게 됐다. 내게 정치는 세 가지 반란의 종착지이다. 나를 둘러싼 환경과 나 자신의 틀을 깨고, 우리 사회를 뒤집는 반란이다.

어떤 시인은 '나를 키운 건 팔 할이 바람'이라고 했다. 애비는 종, 손톱이 까만 에미. 바다에 나가 돌아오지 않는 외할아버지. '세상은 가도 가도 부끄럽기만 하드라'라고 노래했다. 시의 종장(終章)은 '나는 왔다'로 끝난다. 시인이 온 곳, 서 있는 곳, 거긴 어딜까.

나를 키운 팔 할은 무엇일까. 그리고 나는 지금 어디 서 있는가.
그것은 '분노'였다. 나를 키운 팔 할, 아니 팔 할 이상은 분노였다.

나는 세상의 무엇에 분노하는가.

멀리 갈 것도 없다. 어처구니없는 불법 계엄. 현직 대통령에 의한 내란. 온 국민에게 생중계된 범죄 현장. 원인과 책임을 야당에 돌리는 적반하장. 개선장군처럼 손을 흔들며 구치소를 걸어 나오는 내란 주범. 온 국민을 패닉으로 몰아넣고도 뉘우치지 않는 뻔뻔함. 그런 대통령을 배출하고도 또다시 집권하겠다는 후안무치. 대한민국이 이 정도 수준인가. 너무나 화가 난다. 어떻게 이룬 대한민국인데. 하루아침에 민주주의가 수십 년 후퇴하고 우리 자부심은 진흙탕에 처박혔다. 한겨울 시민들의 분노가 여의도로, 광화문으로, 한남동으로 모여들었다. 나 역시 그 뜨거운 열기 속에 있었다. 아스팔트에서 올라오는 차가운 기운도 매서운 눈보라도 우리 분노를 식히지 못했다.

우리 경제를 생각하면 피눈물이 난다. 어떻게 일군 우리 경제인가. 모두 함께 지켜오고 쌓아온 우리 경제였다. 노무현 대통령 때 나는 국가 장기 발전 전략인 '비전 2030'을 만든 주역이었다. 2008년에는 경제 위기의 최전선에서 위기 극복을 위해 할 수 있는 모든 일을 책임지고 했다. 문재인 정부의 초대 경제부총리로서 '비전 2030'을 실현하고 우리 경제의 패러다임을 바꾸기 위해 노력했다.

윤석열 정부가 들어서자 완전히 거꾸로 가기 시작했다. 경제정책은 역주행했고 미래 먹거리는 찾지 못했다. 민생은 도탄에 빠졌다. 저성장과 양극화와 같은 오래된 과제는 물론 인구절벽, 기후위기, 기술변화와 같은 새로운 도전과제에도 손을 놓았다. 민생과 경제회복을 위한 양보와 타협은 실종되었다. 그러던 중 자고 나니 졸지에 후진국이 되어 버렸다. 불법 계엄은 경제가 가장 싫어하는 불확실성의 안 개를 짙게 만들어 버렸다. 트럼프 정부 2기, 그리고 급변하 는 국제정세 속에서 사활을 걸고 국익을 지켜야 할 이때 대 한민국이 표류하고 있다. 분노하지 않을 수가 없다. 어디 분 노의 대상이 불법 계엄이나 경제뿐이랴. 분노할 일들이 지 천에 깔려 있다.

내 삶을 돌아보면 세상은 온통 분노의 대상이었다. 서른 셋에 눈을 감으신 아버지. 네 자식과 남겨진 서른둘의 어머 니. 열한 살, 맏이로 세상에 내동댕이쳐진 어린 소년의 나. 열일곱 살에 뛰어든 생활전선. 모욕적인 대우와 천시. 억울 함과 열등감. 왜곡된 시선. 노력과 성과에 대한 부당한 평 가. 사회는 불공정했고 소위 엘리트 중 많은 사람들이 거만 하고 위선적이었다. 온통 분노할 대상이었다.

분노에 대한 거의 평생에 걸친 나의 대응은 '반란'이다. 반란은 마음에 들지 않는 것을 뒤집는 것이다. 내 경우는 세 가지였다. 나를 둘러싼 환경. 나 자신의 틀. 그리고 사회. 이 세 가지에 대한 반란이 내가 살아온 인생이기도 하다. 언제부턴가 나는 '유쾌한 반란'이라고 부른다. '유쾌한'은 내 가 하고 싶어서 한다는 의미로 혼자 새긴다. 그래서 오늘도 기꺼이 반란을 일으킨다.

처음부터 그랬던 것은 아니었다. 청소년기 분노는 반항으로 표출됐다. 감정적으로 세상과 부딪쳤다. 학교에서, 집에서 그리고 주위 사람들에게 날카롭게 대하고 삐뚤게 나갔다. 그때 내가 할 수 있는 유일한 방법이었다. 그러나 오래가지 못했다. 어머니 때문이리라. 학교 문턱도 못 가본 무학(無學)의 어머니는 그 처절한 환경 속에서도 정직했고 올곧으셨다. 어머니를 실망시킬 수 없다는 생각. 장남의 책임감. 그래서 참는 것들이 체에 걸러져 가슴속에 침전돼 가라앉았다.

참음 속에서 나를 담금질했다. 그대로 주저앉기 싫었다. 출구가 안 보이는 터널을 빠져나가고 싶었다. 성공하고 싶었다. 틀림없이 더 할 수 있다고 믿었다. 나를 둘러싼 환경을 깨기 위해 처절하게 노력했다. 그것은 '환경을 깨는 반란'이었다. 나의 첫 번째 반란이었다.

두 번째는 '자신의 틀을 깨는 반란'이었다. 나 자신에 대해 깊은 질문이 생겼다. 나는 누구인가. 내가 하고 싶은 일은 무엇인가. 그 답을 찾기 위해 익숙한 것들과의 결별을 시도했다. 안정적인 삶, 익숙한 일, 일상에의 안주, 늘 가는 길을 과감하게 버렸다.

그러고 나니 나는 다른 사람이 되었다. 내가 속한 사회에서 마땅히 분노해야 할 대상들이 선명하게 보이기 시작했다. 불공정한 사회. 노력한 만큼 보상받지 못하는 시스템. 기득권자들의 발호. 끊어진 계층이동의 사다리. 저질들로부터 받는 지배. 그것들을 뒤집는 것이 나의 세 번째 반란이 되었다. '사회를 뒤집는 반란'이었다.

분노가 폭발하는 시대다. 분노의 끝판왕 시대에 우리는 살고 있다. 그러나 여기서도 희망을 발견한다. 어쨌든 무도하고 무능한 윤석열 정부의 국정 운영을 단축시키지 않았는가. 플라톤이 이야기한 것처럼 '가장 저질로부터의 지배'를 중단시키지 않았는가.

이제 하루 빨리 내란을 종식시키자. 다시는 이런 일이 일어나지 않도록 주동자를 모두 엄단하자. 불법 계엄과 직권남용을 저지른 대통령이 탄핵됐다. 이 나라의 진정한 주인인 국민이 승리했다. 그러나 탄핵만으로 안 된다. 정권교체로도 부족하다. 제대로 된 새로운 대한민국을 세워야 한다. 경제를 재건시켜야 한다. 국민통합을 이뤄야 한다. '모두의 나라, 내 삶의 선진국'을 만들어야 한다.

분노는 폭발적인 에너지다. 이제 온 국민의 분노를 모아 긍정의 에너지로 발산시키자. 그 힘을 대한민국 재도약에 쏟아붓자. 최선을 다해 이 과업에 힘을 쏟을 각오를 단단히 해본다. 그렇다. 그렇게 '나는 왔다.' 그리고 바로 이 자리에 내가 서 있다.

이 책은 나의 '분노'와 '반란'에 대한 이야기다. 그리고 우리 모두의 분노를 모아 새로이 만들 대한민국의 미래에 대한 이야기다. 분노의 시대, 희망을 이야기하자. 분노에 희망을 더하면 세상을 뒤집는 '유쾌한 반란'이 된다.

나의 분노는 지금 가장 거세게 불타오르고 있다. 나의 반란도 마찬가지다.

그렇게 끝까지 갈 것이다.

2025년 4월

김 동 연

┃ 차례

고시생 시절 책상 앞에 붙여놓았던 메모

1장

환경을 뒤집는 반란

———

늘 분노했다. 아버지의 좌절, 어머니의 빚잔치, 원하지 않았지만 가야만 했던 길. 학벌에 대한 편견과 멸시. 불공평한 세상. 앞이 캄캄한 미래. 온통 화나는 일 천지였다. 세상을 뒤집고 싶었다. 세상이라는 논밭을 쟁기로 갈아엎고 싶었다.

분노는 반항으로 표출됐다. 무엇이든 뾰족하게 부딪치고 싶었다. 제도, 관습, 사람에 대한 것처럼 보였지만 어쩌면 내 속의 위축과 열등감에서 비롯된 자해였으리라. 내 안에 삐뚤게 나갈 핑계는 차고 넘쳤다. 그러나 그러지 않았던 이유는 어머니 때문이었다. 손발이 닳도록 고생하시면서도 반듯하게 사시는 분을 실망시킬 수는 없었다.

참는 것을 배웠다. 여섯 식구 가정을 책임져야 할 장남의 무게를 받

———

아들였다. 내 분노는 그저 개인적인 차원에 머물러 있었다. 밖으로 분출되지 않았다. 안으로 삭였다. 역설적으로 분노는 나를 '담금질'하는 동력이 되었다. 그 담금질은 '반란'이었다. 마음에 들지 않는 것을 뒤집는 반란이었다. 내 인생에서의 첫 번째 반란, 그것은 '환경을 깨는 반란'이었다. 그럼에도 분노의 열기는 여전히 내 깊숙한 곳에 살아있었다. 나는 휴화산(休火山)이었다.

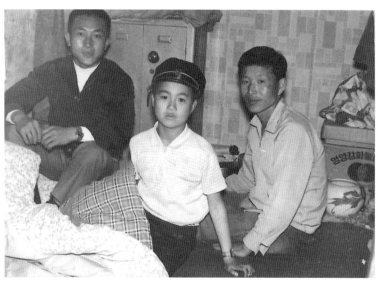

중학생 시절 청계천 무허가 판잣집에서

아버지의 분노

아버지는 서른셋 나이에 젊디젊은 아내와 네 자식을 두고 세상을 떠나셨다. 충청북도 음성군 금왕읍 무극리. 아버지의 고향이고 내가 태어난 곳이다. 1935년생이시니 살아 계셨더라면 2025년 올해 아흔 살이시다. 일찍 할머니를 여의고 어린 시절부터 할아버지를 모신 극진한 효자. 땅 한 뙈기 없는 가난 속에서 담배 행상을 하며 오일장을 돌던 장돌뱅이. 시골의 동아일보 보급소장.

이십 대 초반 고향을 떠나 서울로 와서 신당동에 있는 중앙시장 미곡도매상에 취직하셨다. 최종 학력은 초등학교 졸업이었지만 영민하고 숫자에 밝으셨다고 한다. 몇 해 뒤 독립해서 직접 미곡도매상을 운영하셨고 사업에 제법 성공하셨다. 자식들에게 엄하셨다. 맏이였던 내게 특히 더하셨다. 일등 성적표를 받아오지 못하면 매를 드셨다.

딱 한 번 효도를 한 적이 있다. 6학년 때 전국 어린이 글짓기대회에서 일등을 했을 때다. 아버지가 그렇게 기뻐하시는 모습을 본 적이 없다. 시상식에 다녀오던 날, 아버지는 갖고 싶은 걸 말해보라고 하셨다. 앉은뱅이책상에서 공부하던 나는 의자에 앉아 공부하는 책상을 갖고 싶다고 했고, 바로 며칠 뒤 사주셨다. 그 책상이 아버지가 내게 주신 마지막 선물이 되었다. 몇 달 뒤 돌아가셨기 때문이다. 나는 그때 열한 살이었다. 장성해서 결혼하고 자식을 낳고 미국에 유학 갈 때까지 그 책상을 썼다.

아버지가 돌아가시고 10년도 훌쩍 넘어 아버지의 일기가 적힌 작은 노트를 발견했다. 첫 문장을 읽고 충격을 받았다. "이 몸은 정치에 불붙는다." 그리고 고향을 떠난 사연이 적혀 있었다. 너무 뜻밖이었다. 어머니에게 여쭤봤고 어머니는 내가 몰랐던 이야기들을 상세히 들려주셨다.

아버지는 민주당 청년 당원이셨다. 1958년, 제4대 국회의원 선거에서 민주당으로 출마한 후보의 선거 운동을 가장 앞장서서 하셨다. 그때는 자유당 치하였고, 관권이 개입된 부정 선거가 횡행하던 때여서 민주당 후보가 당선된다는 것은 기적에 가까운 일이었다.

당시 아버지는 자유당 정권에 가장 비판적이던 동아일보의 보급소장이셨다. 말이 좋아 보급소장이지, 당시 서울 마장동 시외버스터미널에서 고향으로 오는 버스에 신문

①

3월 11일부터 나의 일기.

이름은 징치에 불붙는다

오르지 쓰러져가는 우리나라를 조금

이라도 이름이 힘을 보태면 다소나마

효과가 있을까 므아 이름은 오르지.

민주당을 돕는것도 아니요

자유당을 돕는것도 아니다

그러나 이름은 싸우지못한것을

원망하며 한없이원망하며

이곳에 이모양에 써거야 될것이냐

눈물을 흘이며 우국사회를떠나

기로 작정하였습니다

우국시내 제신된명하신 여러어린들

께 뻐뻐 사과하며 여러형식들와

동들하며 지낸 이름을 넓이 용서하세요

만수무강 100◻◻

만수무강하시요

한가지 부닥

버리와

떠나는는

이세상가

이름도 가며 그곳에서

모든것을 풀겠습니다

천구만년 비나이다

달아버지 안녕히

게시요

62.3.11일 눈물로서

을 실어보내면 차부*에서 신문을 받아서 배달하는 일을 하셨다. 우리 집은 작은 마당과 우물이 있는 초가집이었는데, 집 앞에는 늘 경찰 두 명이 지키고 서 있었다고 한다. 민주당 열혈 당원인 아버지를 감시하기 위해서였다. 이전 총선에서 패배한 자유당은 폭력 선거를 자행하고 있었다. 이승만의 지시로 경찰이 앞장서 야당 정치인과 유권자들에게 곤봉과 몽둥이를 휘두르며 불법을 저질러 '곤봉 선거', '몽둥이 선거'로 불린 선거였다. 경찰에 체포된 사람만 3천 명이 넘었고, 서류 바꿔치기, 고문이 횡행했다고 한다. 출마나 선거 운동을 포기하는 일도 허다했다고 한다.

기적적으로 민주당 후보가 승리했다. 민주당 소속 당선자는 전국에 고작 15명뿐이었다. 아버지의 감격은 이루 말할 수 없었다. 당선자도 아버지 두 손을 잡고 "김 동지가 가장 애썼소, 고맙소"라며 눈물을 글썽였다고 한다. 그러나 당선자는 불과 몇 달 후 민주당에서 자유당으로 당적을 옮겼다. 젊은 아버지는 하늘이 무너지는 배신감과 절망감으로 치를 떨었다고 한다. 어머니에게 들은 그 국회의원 이름 '김주묵(金周默)'은 한 번도 잊은 적이 없다.

아버지가 조병옥 선생이 갑자기 돌아가시고 얼마 안 지

---

* 차부 버스터미널을 부르던 옛말이다.

난 단기 4293년 3월 11일에 쓰신 일기의 일부분을 요즘 표현으로 바꾸어 옮겨본다. 서기로 하면 1960년이다.

"4291년(1958년) 5월 2일 민의원 선거 당시 민주당 김주묵 후보를 위해 하루 평균 7, 8 부락을 다니며 가가호호 방문하였다. 만나는 유권자마다 머리가 땅에 닿도록 절을 하며 권력도, 돈도 없는 불쌍한 기호 4번 민주당 후보를 도와달라고 했다. 다리가 아파도 아픈 줄을 몰랐고 비가 와도 옷 젖는 줄 모르고 다녔다. 순경들을 만나면 이번 선거는 공명선거를 해야 하고 민주당 후보를 부탁한다며 눈물을 흘리며 애원하였다. 머리가 벗어진 모 순경이 우리 집에 보초를 서다시피 감시를 했는데 이 사람과도 민주당 후보가 당선될 때도 있다며 싸웠다.

그렇게 싸우며 선거 날 직접 참관인까지 하며 무난히 선거를 치르고 천만다행으로 민주당 후보가 당선됐다. 돌아가신 아버지가 오신 것처럼 기뻤다. 김주묵 의원께서 무극 선거사무실을 떠나실 때 내 손을 잡고 "김 동지, 참 누구보다 수고했소. 참말 잊지 못할 사람이요" 하며 굳은 악수를 하며 떠났다. 그러나 10월 김주묵 의원은 민주당을 탈당하였다. 말할 수 없이 분개하였다. 눈물을 흘리고 몸부림도 쳐봤다. (중략) 4293년(1960년) 3.15 선거

임박해서 민주당 조병옥 박사가 졸지에 외국에서 돌아가셨다. 여러 동지들과 부둥켜안고 이것이 정말이냐 꿈이 아니냐며 울었지만 소용이 없었다. (중략) 참으로 뼈에 사무치는 것은 오로지 이 몸은 죽는 한이 있어도 정의를 위하여 싸우고 쓰러져 가는 우리나라를 여러 국민들과 힘을 모아 바로 잡으려고 끝까지 싸우자는 것이었다. 이번에 지면 차기 4297년(1964년)에 또 싸우기로 맹세하였다."

아버지의 고향 사랑은 남달랐다. 늘 나와 동생에게 태어나고 자란 고향을 잊지 말라고 하셨다. 서울로 이사한 뒤에도 일 년에 두 달씩 방학 때마다 고향 외할머니댁으로 보내셨다. 고향집 근처에 접어들면 양옆에 늘어선 미루나무들, 여름이면 시냇가에서 매일같이 했던 천렵, 할머니가 가마솥에 삶아주시던 옥수수, 여름방학 끝나갈 무렵 노을 지는 하늘을 뒤덮은 고추잠자리 떼, 겨울이면 탔던 썰매. 아버지가 내게 물려주신 고향의 기억이다. 서울에 오는 고향 사람들은 대부분 우리 집에서 밥을 먹고 잠을 잤다. 그분들이 돌아갈 때 아버지는 빈손으로 보낸 적이 없었다.

그런 아버지가 고향을 떠난 이유를 그때 처음 알았다. 신문보급소 일을 하던 중 알게 된 부정 선거 행위를 제보해

동아일보에 기사가 나면서 난리가 났다. 자유당의 기세가 서슬 퍼렇던 그 시절, 아버지는 심한 따돌림을 당하셨다. 고향의 종친 중 절대적인 권위를 가진 제일 큰 어른이 아버지에게 고향을 떠나라고 종용을 넘어 강요를 했다고 한다.

아버지의 분노. 이십 대 초반 젊은 나이에 민주당원으로 독재의 폭정과 부조리에 항거하며 바친 열정과 희생이 변절과 배반으로 끝났을 때 느꼈을 분노. 그렇게도 사랑하던 고향을 떠밀려서 쫓겨나듯 떠날 때의 분노. 아버지의 일기장은 볼펜으로 쓴 것이 아니었다. 피눈물로 쓴 것이었다.

서울에서 사업에 성공하신 뒤 아버지는 어려운 사람들에게 많이 베푸셨다. 베풀기를 유난히 좋아하셨던 것은 워낙 어렵게 살았던 탓이리라. 수해나 화재로 이재민이 생기면 맏이인 나를 데리고 가서 위문품을 전달하시곤 했다. 언젠가 한 번은 내 이름으로 위문품을 기탁하셔서 한국일보 사회면에 어린 내 사진이 실리기도 했다.

그런 아버지에게 더 큰 분노는 따로 있었으리라. 서른둘 젊은 아내와 네 자식들을 두고 떠날 때 어떻게 그 눈을 감으실 수가 있었을까. 어머니와는 고작 12년 함께한 결혼생활, 열한 살과 열 살, 여덟 살, 네 살배기 자식을 두고 가는 아픔, 남겨진 가족에 대한 안타까움, 그 억울함, 어디에 쏟아야 할지 모르는 분노. 아버지 돌아가시고 45년 뒤 나도

이 세상에서 가장 사랑하는 큰아들을 먼저 보내고 젊은 아버지가 품으셨을 한(恨)과 분노의 조각을 함께 느끼곤 한다.

아버지와의 대화

항상 꿈을 꾸었다. 그 많던 꿈 중에서 실현이 불가능한, 그래서 더욱 절실한 꿈이 하나 있었다. 이룰 수 없다는 것을 알면서도 나의 버킷 리스트 중에서 늘 앞자리를 차지하는 꿈이었다. 바로 '돌아가신 아버지와의 대화'였다.

아버지는 서른셋 젊은 나이에, 당신보다 한 살 어린 젊은 아내와 네 자식을 두고 돌아가셨다. 나는 장남이었고 열한 살이었다. 사업을 제법 크게 하시던 아버지가 돌아가신 뒤 살던 큰 집에서 쫓기듯 청계천 무허가 판잣집으로 이사했다. 그 판잣집은 몇 년 뒤 강제 철거돼 우리 가족은 구 성남 지역으로 강제 이주하게 됐고 한동안 천막에서 살아야만 했다. 망해도 그렇게 망할 수가 없었다. 학업은 물론 때로는 끼니도 걱정이었다. 나는 인문계 고교에 진학하기를 원했으나 가정 형편상 상업고교에 진학했고 졸업하기 몇 달 전부터는 열일곱의 어린 나이에 은행에 취직해 직장생활을 시작했다. 할머니와 어머니, 세 동생을 부양해야 하는 가장이 된 것이다.

어렵게 공부하고 일찍 직장생활 하면서 나는 비교적 일찍 철이 들었던 것 같다. 그렇게 철이 들면서 내 마음속에 늘 자리하고 있었던, 가슴에 사무친 꿈 하나는 바로 돌아가신 아버지와의 대화였다. 단 하루, 아버지와 철든 남자 대 남자로서 이야기를 나눌 수 있다면 내 수명을 일 년쯤 단축해도 좋다고 생각했다. 무의식중에 이 꿈에 대한 기도를 수십 년 했다. 이룰 수 없는 꿈이라는 것을 잘 알았지만 그 소망이 너무도 간절해서 이 생각을 할 때마다 항상 코끝이 찡했다.

만약 아버지와 대화를 할 수 있다면 처음에는 아버지를 원망하리라 생각했다. 뭐가 그리 급해서 젊디젊은 아내와 자식 넷을 두고 그리 빨리 가셨냐고, 장남인 제가 얼마나 고생했는지 아시냐고, 제 좁은 어깨에 너무 무거운 짐을 얹어서 힘에 겹다고, 왜 이렇게 우리 가족을 고생시키느냐고….

한참 뒤에는 아버지가 도대체 어떤 분이었는지 알아보고 싶었다. 학력이 짧지만 젊어서 사업을 크게 일으켰던 분. 어려운 사람 도와주길 좋아하셨던 분. 수해가 나면 늘 어린 나를 앞세워 모 신문사에 가서 수재의연금을 내곤 하시던 분. 고모 말씀에 따르면 혼자되신 할아버지를 어린 나이 때부터 극진히 모신 더없는 효자라는 분. 내가 학교에서 일등을 하지 못하면 어김없이 회초리를 들 정도로 엄했던 분….

그런 그분이 어느 몹시 추운 날 등굣길에 내가 너무 추워하자 "춥지? 춥지 않게 해줄게" 하며 불러줬던 '꽃집의 아가씨는 예뻐요. 그렇게 예쁠 수가 없어요'라는 노래. 아버지가 돌아가신 뒤 내가 발견한 아버지의 일기장에서 본 젊은 아버지의 고민들. 그분을 만나면 나는 묻고 싶었다. 도대체 아버지는 어떤 분이었냐고. 어떤 꿈을 가지고 계셨냐고.

또 한참 뒤에는 아버지에게 자랑하고 싶은 일들을 이야기해드리고 싶었다. 어린 나이에 직장생활 하면서 가족들을 돌보고 있다고. 은행 다니며 야간대학에도 진학했다고. 죽도록 공부해서 행정고시와 입법고시에 합격했다고. 경제기획원에서 공무원 생활을 시작해 어려운 과정을 거쳐 국비와 풀브라이트(Fulbright) 장학금을 받아 미국에서 박사까지 공부했다고. 자리나 승진보다는 '사회 변화에 대한 기여'를 신조로 공직생활을 하고 있다고. 아버지가 그렇게 바꾸고 싶었던, 본관(本貫)이 잘못 기재된 호적도 정정했다고. 동생 셋 모두 가정을 이루게 했다고. 늙어가는 어머니 잘 모시려고 애쓰고 있다고….

그리고 그보다 한참 뒤에는 다른 이야기가 하고 싶었다. 인생을 이야기하고 신에 대해 이야기하고 싶었다. 담담하게, 사는 이야기와 죽는 이야기를 하고 싶었다. 이제는 그 어떤 사진 속에서도 아버지는 나보다 20년도 더 젊다. 그 준수한 젊은 청년과 지난 이야기뿐 아니라 인생을 관조(觀照)하며 할 수 있는 이야기, 앞으로의 이야기를 나누고 싶었다.

아버지가 돌아가신 지 25년 되던 해 고향에 있던 산소를 이장했다. 길이 확장되면서 할아버지와 할머니, 아버지 산소를 부득불 옮겨야 했기 때문이었다. 산소자리 물색 등 이장작업을 하는 동안 이루 말할 수 없는 정성을 기울였다. 주초부터 시작한 작업은 금요일에야 마무리 단계에 이르렀고 금요일 이른 오후 산소 세 기(基)를 파묘하며 유골을 수습했다. 봉분을 어느 정도 허문 뒤 일하는 사람들을 물리고 동생과 나는 직접 손으로 땅을 파며 유골을 수습했다. 일하는 사람들이 연장으로 땅을 파다가 유골을 손상할 수도 있다는 생각이 들기도 했지만 그보다는 내가 직접 손으로 그 작업을 하고 싶었다.

작업을 다 마치고 준비한 깨끗한 상자에 유골을 모셨다. 그런데 세

분의 유골을 당일로 새로 준비한 산소에 옮겨 모시기에는 시간이 부족했기 때문에 나는 다음 날 오후 1시에 유골을 입관하기로 했다. 그날 오후 나는 세 분의 유골을 차에 모시고 당시 내 임시 거처였던 친척 형님 댁으로 갔다. 할아버지 할머니 유골은 뒷자리에, 아버지 유골은 조수석에 모셨다. 나는 조금 떨어진 거처로 바로 가지 않았다. 아버지가 총각 때부터 오래 사셨던 동네와 집을 돌아보는 게 좋겠다는 생각이 들었던 것이다.

아주 천천히 차를 몰면서 옆에 모신 아버지 유골을 향해 이야기를 시작했다. "아버지 이제 사셨던 집 쪽으로 갑니다. 25년 만이시지요. 그동안 많이 바뀌었습니다." 나는 갑자기 어떤 생각에 눈물을 왈칵 쏟았다. 오래전부터 마음속에 간절히 지니고 있던 꿈. 불가능하다고 생각했던 꿈. 그 꿈이 이루어지고 있지 않은가. 그렇게 아버지는 25년 만에 햇빛을 보셨고 나는 아버지와 만 하루를 지낼 수 있었다. 그 하루 대부분 시간 내내 나는 소리 죽여 눈물을 흘리며 그동안 내가 하고 싶은 이야기를 해드렸다. 어쩌면 아버지께서 응답할지도 모른다고 생각했다. 불가능하리라 생각되었던 내 버킷 리스트 중 하나는 그렇게 이루어졌다.

나는 어릴 적부터 꿈이 많았다. 젊은 시절을 비교적 어렵게 보냈기 때문에 더욱 그러했던 것 같다. 지금 나는 그 어려움들은 '위장된 축복'이었고 그 덕분에 오늘의 내가 있다고 생각하며 감사하는 마음을 갖고 있다. 그리고 그때그때 내 처지에서는 달성하기 어려워 보였던 많은 꿈이 이루어진 것에 또한 감사한다.

그래서 버킷 리스트에 새로운 한 줄을 추가했다. 나는 감사할 줄 알고, 물러설 때를 아는 공직자가 되고 싶다. 몇 해 전 싸이월드 미니

홈피에 글을 쓴 적이 있다. 스스로 공직생활에서 물러나야 할 때에 대한 경구(警句)의 글이었다. 비전을 제시하지 못하거나 또는 스스로 비전이 없어질 때. 일에 대한 열정을 느끼지 못하고 문득 무사안 일에 빠지자는 유혹에 굴할 때. 문제를 알면서도 침묵할 때. 문제의 해결 방안을 엉뚱한 곳에서 찾는 무능력을 어느 날 갑자기 찾아온 노안(老眼)처럼 느끼게 될 때. 잘못된 정책을 국민을 위한 것일 줄 알고 고집하는 확신범이란 생각이 들 때.

언제든 공직을 그만두면 나는 인생의 새 장(章)을 '자유인'으로 살고 싶다. 진정 하고 싶은 일이 무엇인지 찾고 그 일을 하는 자유로운 영혼을 가진 사람으로 살고 싶다.

이제는 오랫동안 가졌던 '아버지와의 대화'의 꿈을 거꾸로 가져본다. 두 아들의 아버지로서 자식들과 철든 남자 대 남자로서 대화하고 싶다는 소망을 내 버킷 리스트의 맨 윗줄에 올린다. 나는 누구였고 무슨 꿈을 갖고 있었는지 이야기하고 싶다. 또 두 아들과 인생과 사랑을 이야기하고, 신에 대해 이야기하고 싶다. 내가 아버지와 하고 싶었던 이야기들을 두 아들과 나누고 싶다. 그리고 돌아가신 아버지와는 하지 못했던 뜨거운 포옹을 이야기 끝자락마다 나누고 싶다. 아, 돌아가신 아버지도 어쩐지 그 대화의 장(場) 어디에선가 나타나실 것 같은 생각이 들기도 한다.

— 2011년 4월,《신동아》〈별책부록: 명사들의 버킷 리스트〉중에서

어머니의 한(恨)

아버지 일기장과 함께 빛바랜 서류가 한 장 있었다. 빚잔치* 문서였다. 사업을 하던 아버지가 돌아가시자 채무자들은 오리발을 내밀었고 채권자들은 빚 독촉이 심했다. 빚쟁이들이 모여서 우리 집 재산을 놓고 채권액 비율에 따라서 빚을 청산했다. 아버지는 신당동 중앙시장에서 미곡도매상을 꽤 크게 하셨다. 신당동 중앙시장은 당시 서울시민이 소비하는 양곡의 50% 이상을 거래하던 큰 시장이었다. 우리 동네 답십리에서도 큰 규모로 쌀가게를 하셨다. 우리 집은 방이 10개쯤 되고 100평이 넘는 집이었다. 그 모든 재산을 쪼개 채권자들이 나눠 가진 것이다.

한자(漢字)가 절반인 그 문서를 보고 나는 울컥했다. 아,

---

* **빚잔치** 부도나 파산으로 빚 갚을 능력이 없을 때, 돈을 받을 사람에게 남아있는 재산을 내놓고 빚을 청산하는 일을 말한다.

빛바랜 가족 사진 그리고 빚잔치 서류

불쌍한 어머니. 어머니는 학교 문턱에도 못 가보셨다. 그 서류는 어머니가 읽으실 수 없었으리라. 채권자들 등쌀에 읽지도 못하는 서류에 마지못해 도장을 찍으셨을 어머니. 서른둘 젊은 여인이 혼자 감당했을 고통과 상처, 분노가 어땠을까. 철없는 어린 자식 넷을 데리고 그 고통스러운 시간을 어떻게 감내하셨을까. 가슴이 미어졌다.

어머니는 화를 잘 내지 않는 분이시다. 그런 어머니가 아주 오래전 빚잔치 이야기를 하면서 분노하시는 것을 본 적이 있다. 채권자 중에는 아버지로부터 학비를 지원받았던 친척도 있었고 가깝게 지낸 친구도 있었다고 한다. 그 친구는 아버지 살아계셨을 적에 우리로부터 도움을 많이 받았고, 아내끼리 친자매처럼 지내 나중에 그 집 딸과 내 남동생을 결혼시키자는 얘기가 농담처럼 나왔을 정도였다고 한다. 그런데 빚잔치 때 돌연 안면몰수하고 매몰차게 굴었다고 한다. 욕이라고는 할 줄 모르는 어머니가 쓰시는 표현 중에 가장 심한 말은 '지악(至惡)스럽다'이다. 그 표현을 쓰면서 '어떻게 인간이 그럴 수가 있냐'고 하셨다. 평생 온화하고 정직하게 사신 어머니가 그러실 정도라면 그 원망과 분노가 어떠했는지 짐작이 갔다.

어머니는 아버지보다 한 살 아래였다. 아버지 고향인 충북 음성의 바로 옆 동네인 진천 출신이다. 할아버지가 일찍 돌아가시고 혼자되신 할머니와 몹시 어렵게 사셨다. 맏이였던 어머니는 밑으로 세 동생을 어려서 잃고, 하나 남은 막내 남동생은 업어서 키우셨다고 한다. 가끔 어머니는 회한에 차서 말씀하셨다. 조금만 살 만해서 치료만 받았더라면 세 동생이 그리 일찍 가지 않았을 거라고. 막내 외삼촌은 나중에 아버지 밑에서 일을 하셨다.

두 분이 인연이 된 사연도 짠하다. 아버지가 장돌뱅이로 어머니 댁 인근 장을 떠돌다가 어머니의 고운 모습에 반하셨던 모양이다. 매파를 통해서 중매를 넣었다. 나중에 외할머니에게 들으니 아버지는 빈털터리였는데 삼대독자인 탓에 모셔야 할 시댁 식구가 없어 결혼을 승낙했다고 하셨다. 그렇게 두 분은 음성군 금왕읍 무극리에서 살림을 차리셨고 그 다음 해 내가 태어났다.

언젠가 《주간조선》에서 나의 소울푸드(soul food)에 대한 글을 청탁한 적이 있다. 칼국수를 골랐다. 사연이 있다. 어느 해 어버이날 동생들과 함께 어머니께 식사를 대접했다. 마침 며칠 전 신문에 내가 쓴 '가슴으로 쓰는 사모곡'이라는 글이 실려 막냇동생이 읽어드렸다. 다 들으시고는 어머니가 아주 담담한 어조로 말씀하셨다.

"동연이가 고등학교 1학년 때 어느 날 저녁 칼국수를 끓

였어. 쌀이 떨어져 밀가루를 밀어 국수를 끓였지. 그런데 한밤중에 동연이가 공부하다 나와 배가 고프다면서 아까 먹다 남은 국수 좀 없냐고 하는 것이야. 남은 게 없었어. 사실은 양이 충분하지 않아 너희들에게는 국수를 주고 할머니와 나는 국물로 배를 채웠거든. 없다고 하니까 동연이가 방으로 들어가면서 '보리밥이라도 좋으니 한번 배부르게 먹어봤으면 원이 없겠다'고 혼잣말로 하는 것이야. 그날 한잠도 못 자고 뜬눈으로 밤을 새웠어."

동생들은 다 울었지만, 나는 이를 악물고 울지 않았다. 언제부턴가 어머니 앞에서는 울지 않겠다고 다짐을 했기 때문이다. 그러나 모임을 마치고 혼자 있을 때 흐르는 눈물을 주체할 수 없었다. 어디 그날 밤뿐이랴, 한잠도 못 주무시고 뜬 눈으로 새운 어머니의 밤이. 어머니의 그 한(恨)을 생각할 때마다 지금도 눈가에 흐릿한 안개가 낀다.

가슴으로 쓰는 사모곡

살면서 감성을 가장 쉽게 자극하는 단어를 하나만 고른다면 그건 '아버지'다. 아·버·지란 세 글자는 내게 특별한 의미를 가진 이름이었다. 우리 나이로 서른셋에 돌아가신 아버지. 이제는 어떤 사진 속의 아버지도 나보다는 20년 이상 젊은 아버지. 그런 아버지에 대한 그리움을 가끔 글로 쓰면서 눈에 안개가 서린 적도 한두 번이 아니었다.

어머니에 대해선 조금 달랐다. 아버지와는 12년밖에 못 사셨지만 아버지가 돌아가신 뒤 나와는 44년을 함께 사신 어머니. 그런 어머니에 대해서는 아버지만큼 감성적이지 않았다. 아버지가 돌아가신 후 일찌감치 직장생활과 가장 노릇을 했던 내게 아버지 역할에 대한 생각은 절절했던 반면 상대적으로 어머니에 대해서는 덤덤했던 면이 있었다. 어머니에 대한 글도 글제가 '어머니'였던 중·고등학교 백일장대회에서 쓴 것과 박사논문 맨 앞장에 어머니께 헌정한다는 짧은 문장 정도가 전부였다.

그러던 몇 달 전 어머니와 대화를 나눌 일이 있었다. '혼자가 편하다'며 멀리 떨어지지 않은 곳에서 사시는 어머니께 반찬을 갖다 드리게 되었다. 늘 집사람과 함께 갔는데 그날따라 혼자 가게 됐다. 나보다는 집사람과 많은 대화를 나누시는 어머니와 모처럼 둘이서 대화를 하게 되었다. 여느 때처럼 의례적인 인사로 시작했다. 춥지 않으세요. 난방은 괜찮고요. 어디 불편하지는 않으세요?

그러다 무심코 물었다. 쌀은 떨어지기 전에 늘 사다 놓으시죠? 응, 항상 20kg짜리 사다 놔. 20kg 사 갖고 오려면 무거울 텐데 10kg짜리 사다 드시지요. 그것도 한참 드실 텐데. 쌀독에다 부으려면 힘드시잖아요. 어머니는 대수롭지 않게 그냥 지나가는 말처럼 대답하셨다. 10kg짜리 사다 쌀독에 부으면 반도 안 차. 쌀독이 비어 있으면 너희 어렸을 때 힘들었던 생각이 나서 싫어. 그래서 항상 20kg짜리 사다 쌀독이 차게끔 부어 놔. 그러다 쌀독 웬만큼 비기 전에 다시 사다 채워 놓고.

나는 어머니의 대답에 그냥 무너져 내렸다. 태연하게 어머니와 더 이야기하다 나왔지만 주차장 차 안에서 한참을 소리 죽여 눈물을 흘렸다. 세 끼를 온전히 챙겨 먹기 힘들었던 시절, 끼니로 자주 먹던 수제비, 외상 달고 됫박으로 샀던 쌀, 많이 못 들이고 몇 장씩 사다 쓰던 연탄. 그 시절의 어머니를 나는 오랫동안 잊고 있었다. 살며 얻은 내 작은 성취의 모든 뒤안길에는 자신의 삶이라곤 거의 없었던 어머니의 희생이 곳곳에 배어 있다는 것을 잊고 있었다.

서른둘에 혼자 되시고는 열한 살 장남인 나부터 네 살 막내까지 자식 넷을 기른 어머니. 채석장에서 돌을 나르고, 산에 올라 나물 캐서 길에서 좌판을 벌이기도 했던 어머니. 그때 어머니는 철인(鐵人) 같았다. 나와 동생들 앞에서 거의 눈물을 보이시는 법이 없었다. 그러다가 언제부턴가, 내가 채 스물도 되기 전 가장으로 생계를 떠맡은 뒤에는 자주 눈물을 보이시곤 했다. 하지만 눈물로도 표현하지 못하고 삭인 힘겨움은 또 얼마나 많으셨을지.

지금은 곁에 계시지만 언젠가는 아버지보다 더 그리워할 분, 보고 싶을 때면 눈을 감아야만 비로소 볼 수 있게 될 분. 앞 일이 눈에 선하다. 품어 가도 반길 어머니 안 계실 때 돼서야 소반 위(盤中) 붉은 (부홍) 감 품어갈 생각하며 갖게 될 후회. 나무는 조용히 있고 싶어도 바람이 그치지 않는 법을 글로만 이해할 뿐 정작 가슴으로 깨닫지 못하는 어리석음. 훗날 막급한 후회의 뒷감당을 어찌하려고.

며칠 뒤면 어버이날이다. 이번에는 어머니께서 좋아하는 꽃 구경을 꼭 시켜드려야겠다. 꽃을 보면 늘 천진스럽게 웃으시던 늙은 어머니의 얼굴에서 젊은 어머니의 고운 모습이 떠오를 것이다. 통장에 잔돈 저금하듯이 지금부터라도 그 웃는 모습을 차곡차곡 내 마음에 쌓아야겠다. 그러고는 훗날, 눈을 감아야만 어머니를 만날 수 있을 때 그 통장에서 하나씩 인출해 써야겠다.

어머니와 대화 나누던 날, 2000쪽에 달하는 『레 미제라블』 완역판 마지막 쪽이 생각났다. 장 발장의 죽음에 대한 이야기다. 생명처럼 아끼며 키웠던 코제트에게 생모(生母)의 이름을 알려주며 유언처럼 이야기한다. "이제 네 어머니 이름을 말해줄 때가 된 것 같구나. 이 이름을 잊지 않도록 해라. 이 이름을 입에 올릴 때는 반드시 무릎을 꿇어야 한다." 나도 무너지듯 무릎을 꿇는다. 어머니, 아아 나의 어머니.

– 2012년 5월 6일, 《중앙선데이》

장남의 무게

집이 폭삭 망했다. 망해도 그렇게까지 망할 수가 없었다. 빚잔치 뒤에 우리 가족은 쫓기듯이 청계천 무허가 판잣집으로 옮겼다. 당시 서울에서 가장 가난한 빈민들이 살던 곳이다. 나무 판때기로 얼기설기 지은 두 칸짜리 판잣집. 몇 개 되지 않은 공동 화장실 앞에 길게 늘어선 줄. 비가 오면 온통 뻘밭이 돼버리는 길. 역한 냄새를 풍기며 흐르는 더러운 개천. 나는 그 동네에서 중학교를 다녔다. 우리 집안에서 나는 최초로 중학교에 진학한 사람이었다.

몇 년 후 무허가 판잣집은 철거됐고 그곳에 살던 주민들은 '광주대단지'*라는 곳으로 강제 이주됐다. 경기도 광주군 중부면 단대리 641-27. 새 주소였다. 허허벌판에 새끼줄

---

* **광주대단지** 1968년 경기도 광주군 중부면 일대에 조성된 주택단지. 경기도 성남시의 모체가 됐다.

로 구획을 나누고 우리에게 배정된 땅에 꽂힌 팻말에 그렇게 쓰여 있었다. 그곳에 우리 가족은 천막을 치고 살았다.

그로부터 50여 년 후, 그 천막집 있던 곳 앞에서 경기도지사 출마 선언을 했다. 그곳은 오래전에 대단위 아파트촌이 되어 옛 모습은 하나도 남아있지 않았다. 살던 곳의 주소도 전혀 기억이 나지 않았다. 나는 바로 직전 살던 집 주소나 아파트 동호수도 기억하지 못한다. 50년도 더 된 옛날 주소를 어떻게 알겠는가. 그런데 불현듯 어떤 숫자가 뇌리를 스치고 지나갔다. 641-27. 긴가민가하고 옛날 서류를 찾아 들춰봤다. 너무 놀랐다. 바로 그 주소였다. 어떻게 이 번지수가 내 머리에 남아있을까. 그 어떤 주소도 기억 못하는 내게. 아마도 그 팻말은 땅에만이 아니라 내 마음에도 박혀 있었나 보다.

그곳은 허허벌판이었다. 모든 도로는 비포장이었고 상수도, 하수도도 없었다. 사람들은 펌프에서 나오는 물을 길러 다녔다. 천막에서 살다 나중에는 보로꾸*로 엉성하게나마 집을 지었고 그제야 한 귀퉁이에 재래식 화장실을 만들었다. 웃풍이 거세 겨울에는 방안에 둔 물그릇에 살얼음이

---

* **보로꾸** 시멘트와 모래로 네모지게 만들어서 벽을 쌓는 데 쓰는 블럭 형태의 건축 자재. 세 개의 구멍이 있다.

끼었다. 개발과 도시 미관을 이유로 십만 명의 도시빈민을 내다 버린 그곳은 절대빈곤의 상징이었다. 그리고 몇 년 뒤 그곳은 성남시가 됐다.

정부는 허허벌판에 내팽개쳐진 철거민을 철저하게 외면했다. 서울시 미화사업은 해결됐으니 알아서 살라는 식이었다. 여기에 기름을 부은 것은 토지 불하가격이었다. 정부는 처음 철거민들에게 약속했던 토지 가격보다 적게는 네 배, 많게는 여덟 배나 비싼 가격을 청구했다. 이런 틈을 노려 악덕업자들은 토지소유권을 싼 값에 사들였다. 우선 살기 급한 철거민들은 헐값에 파는 경우가 허다했다.

굶주린 채 천막집에 살던 주민들은 '배고파 못 살겠다', '일자리를 달라'는 구호를 외치며 대규모 시위를 벌였다. 성난 군중들 손에 관공서와 파출소가 불탔다. 결국 경기도지사와 내무부 차관이 사과하고 주민들의 요구사항을 일부 받아들이면서 사태가 끝났다. 별 흉흉한 소문이 다 돌았다. 1971년 여름에 벌어진 소위 '광주대단지 사건*'이다.

어머니는 끼니를 거르면서도 독하게 소유권을 움켜쥐고 계셨다. 나는 그곳에서 고등학교를 다녔다. 내가 다니

---

* **광주대단지 사건** 1971년 8월 10일 경기도 광주대단지 주민 5만여 명이 생존권 보장을 요구하며 대대적인 시위를 벌인 사건이다.

던 학교는 을지로 6가에 있었다. 지금의 단대오거리에서 570번 동성교통 일반버스를 타면 서울을 우회해서 지금의 송파를 지나 을지로 5가에서 내렸다. 66번 동서교통 좌석버스를 타면 지금의 양재사거리인 말죽거리를 지나 을지로 5가까지 곧장 갈 수 있었다. 나는 늘 값이 싼 일반버스를 탔고 버스는 언제나 콩나물시루였다.

어머니는 안 해보신 일이 없다. 산에서 나물을 뜯어 좌판을 벌이기도 했고 채석장에서 무거운 돌을 나르기도 하셨다. 나중에는 두부를 떼다 파셨다. 지금도 그때의 이웃들은 어머니를 '두부 장수'라고 부른다. 몸이 아파도 병원에 가지 못했다. 그저 참을 수밖에 없었다. 내가 고등학교 2학년 때 한번 크게 앓았는데 병원에 가지 못하고 이웃 누군가로부터 투박한 민간요법 치료를 받고 덧나 고생한 적이 있었다. 온 가족이 마찬가지였다. 몹시 춥고 배고팠다. 그리고 비참했다.

중학교 졸업반 때 어머니는 나에게 상업고등학교 진학을 권했다. 고등학교 입시가 있을 때였다. 성적이 비교적 좋았던 나는 명문 인문계 고등학교에 가고 싶었다. 상고에 안 가겠다고 버텼다. 아버지 살아계실 적에 가정교사가 있었는데 마침 그분이 덕수상고를 나온 분이었다. 어머니는 그분과 함께 나를 설득했다. 인문고 나와 대학에 붙어도 등록금이 없어 진학하지 못한다고. 상고를 졸업하고 취직하면 야간대학에 다니는 길이 있다고. 결국 원하지 않은 학교에 가게 됐다. 억울했다. 상실감과 박탈감이 컸다. 그럴 수밖에 없는 처지에 마음속에서 분노가 치밀었다. 상고 지원서를 쓰고는 입시 공부를 중단했다. 입시 공부를 안 해도 갈 수 있겠다는 생각도 있었지만, 그보다는 반항심 때문이었다.

입학한 뒤에는 학교도 학과 공부도 싫었다. 주산, 부기, 타자, 펜글씨, 심지어는 속기까지 배워야 했다. 분노는 반항으로 나타났다. 학교 수업을 빼먹었다. 1학년 때 지각, 조퇴, 결석이 전체 수업 일수의 1/3에 가까웠다. 내가 삐뚤게 나갈 핑계는 차고 넘쳤다.

유도부에 들어 매일 방과 후 운동을 했지만 큰 취미를 붙이지 못했다. 수요일마다 문예신문반 활동을 했다. 무협지를 비롯해 닥치는 대로 책을 읽었다. 지독한 난독(亂讀)*이었다. 어려서부터 책을 무척 좋아해서 중학교 때 이미 한국 문학과 세계 문학을 섭렵한 뒤였다. 그러다가 야구에 빠졌다. 야구는 그 당시 나의 유일한 탈출구였다. 교회에서 사귄 절친 준수가 야구선수 출신이었다. 준수로부터 야구 기

---

* **난독(亂讀)** 책의 종류나 내용을 가리지 않고 아무것이나 마구 읽는 것을 가리킨다.

록 방법까지 배워서 꼼꼼히 경기를 보곤 했다. 당시에는 프로야구 출범은커녕 고교야구 붐도 일기 전이었다.

한번은 1학년 때 담임 선생님을 찾아가 조퇴를 시켜달라고 했다. 이유를 물어보시는데 "야구 경기를 보러 가려고 합니다"라고 대답했다. 될 대로 되라는 심정, 치기 어린 반항심이었다. 선생님은 한참 동안 나를 물끄러미 바라보시더니 조퇴를 시켜주셨다. 영어를 가르치셨던 유명우 선생님. 선생님의 그 짧은 침묵의 의미를 나중에야 생각해보게 됐다. 입학 성적은 좋은데 공부를 멀리하고 반항하는 나를 보면서 어떤 생각을 하셨을까? 꾸짖고 싶은 마음을 참고 기다려주신 건 아닐까. 십 대 중반 나를 둘러싼 환경과 세상에 대한 분노는 그렇게 반항으로 표출되곤 했다.

그 시절, 1학년 때 성적은 우리 반 60명 중 45등쯤 했던 것으로 기억한다. 배부른 소리 같지만, 그런 성적도 있었다는 것에 지금은 오히려 뿌듯하기도 하다. 고등학교 졸업 30주년 행사에 참석한 적이 있다. 나는 그때 기획재정부 국장이었다. 2학년 때 담임 선생이셨던 이경복 선생님께서 내 얘기를 하셨다. "동연이는 학교 다닐 때 공부도 잘하고 글도 참 잘 썼어." 우리 동기들도 끄떡였다. 교내 글짓기대회에서 2년 연속 일등을 하긴 했어도 학업 성적은 형편없었는데도 말이다. 나는 속으로 웃으며 혼자 속삭였다. '선생님, 죄

송합니다.'

반항이 끝없이 계속되지 않은 것은 어머니 그리고 장남의 무게 때문이었으리라. 어머니는 정직하셨고 그 어려운 중에도 밝은 편이셨다. 주위 더 어려운 이웃에 베푸는 분이셨다. 무엇보다도 나를 믿으셨다. 한 번도 내게 공부하라고 하신 적이 없으셨다. 그냥 믿고 기다리셨다. 그런 어머니를 실망시킬 수 없었다. 장남의 무게를 감당하기 위해 빨리 돈을 벌어야겠다고 생각했다.

밖에서는 반항심을 드러냈지만, 어머니에게는 그렇지 않았다. 아니, 그럴 수가 없었다. 세 동생을 생각하면 상업고등학교에 진학한 것만 해도 장남이 누린 특혜였다. 나보다 한 살 어린 남동생은 중학교 졸업 후 진학을 포기하고 성남에서 주사기 공장에 다녔다. 어머니께서 초등학교를 졸업하는 큰 여동생은 중학교를 보내지 말자고 하셨다. 처음으로 어머니와 언쟁을 벌였다. 어떻게든 중학교는 보내야 한다고. 어머니가 한발 물러나셔서 여동생은 중학교에 진학했다. 나중에 내가 취직을 하고 나서는 공장에 나가는 동생에게 다시 공부하라고 했다. 그해 초가을 동생은 공장을 그만두고 다시 책을 잡고 덕수상고에 진학해 내 고등학교 후배가 됐다.

공부가 한이 돼서 자식들의 교육을 가장 우선시하신 아

버지. 그런 아버지가 돌아가신 뒤 자식에게 상급학교를 진학하지 말라고 하실 수밖에 없었던 어머니. 어머니의 그 고통과 한. 지금도 기억나는 공장 다니던 시절 동생의 짠한 눈빛. 월급날 사다주는 작은 선물을 기다리던 두 여동생의 반짝이던 눈망울. 할머니, 어머니, 동생들이 가슴으로 삭인 서러움들. 모든 것들이 한층 장남의 무게를 느끼게 했다.

타는 목마름

　　2학년 2학기 접어들면서 냉혹한 현실에 눈을 떴다. 가족의 생계와 동생들 학업이 내게 달려 있었다. 취직해서 하루 빨리 돈을 벌어야 했다. 누구를 향하는지도 모르는 분노, 무엇을 상대로 하는지도 모르는 저항을 마음 깊숙이 가라앉혀야만 했다. 참는 법을 배웠다. 그러면서 조금씩 학업과 취업 준비에 속도를 내기 시작했다. 3학년 올라가서는 취업 전쟁이었다.

　　내가 가고 싶은 직장은 대한항공이었다. 야간대학 다니기가 좋다는 소문 때문이었다. 우리 반에 대한항공 추천서가 한 장 왔다. 차례는 내게 돌아오지 않았다. 담임 선생님에게 봉투를 줘야 한다는 소문이 돌았다. 절박한 심정에 한 번도 안 해본 짓을 했다. 어머니께 선생님을 한번 찾아가 달라고 말씀드린 것이다. 하루 벌어 하루 먹고사느라 정신이 없는 어머니. 할머니와 네 자식까지 여섯 식구를 위해 몸이 부서지도록 일하는 어머니. 입을 옷 하나 변변치 않은 어머니께 입학식 때 말고는 한 번도 가보지 않았던 학교에 다녀가시라고 했다. 그러고 난 후 어머니께 죄송한 마음에 앞서 부끄러웠다. 나 자신에게 화가 났다.

3학년 2학기 초 은행 시험을 봤다. 이 취직 시험에 우리 가족의 운명이 달려 있었다. 시험 마치고 몇 주 지난 어느 날 수업 시간에 취업 주임이셨던 황장규 선생님이 교실 문을 열고 들어오셨다. 은행 시험 발표가 나면 직접 오셔서 결과를 알려주시곤 했다. 그 선생님이 수업 시간에 들어오시면 모두가 숨을 죽였다. "한국신탁은행 합격자 발표가 났다. 1반에서는 김동연, 합격!" 뛸 듯이 기뻤다.

집에 가는 길에 어머니께 장난으로 시험에 떨어졌다고 말씀드릴까 생각했다. 실망하는 어머니에게 '짜잔' 하고 합격 소식을 전하려는 장난기였다. 그러나 이내 생각을 바꿨다. 어머니가 심장마비라도 일으킬까 걱정됐다. 온가족이 이 시험 결과에 목을 매고 있었다. 합격했다는 말을 들은 어머니는 그 자리에서 벌떡 일어나서 박수를 치며 덩실덩실 춤을 추셨다. 그전에도 그리고 그 이후에도 나는 어머니가 춤을 추시는 모습을 본 적이 없다. 고시에 붙고, 박사가 되고, 부총리가 되고, 도지사 선거에서 이겼지만, 어머니는 다시는 춤을 추신 적이 없으셨다. 아마도 내가 어머니께

한 최고의 효도는 바로 그날, 은행 시험에 합격한 것이었으리라.

고3 11월부터 직장생활을 시작했다. 나는 열일곱 살이었다. 집은 성남, 회사는 서울 종로구 견지동 조계사 맞은편이어서 출근길이 멀었다. 결국 세검정에 있는 은행 합숙소에서 생활했다. 한 방을 네 명이 함께 썼다. 당시 내 룸메이트는 대구상고를 나온 이승욱, 이직수 그리고 부산상고를 나온 김용재였다. 모두 착하고 열심히 사는 친구들이었다. 월급날이면 누런 봉투에 담긴 월급을 들고 성남 집에 갔다. 동생들은 필요한 것과 갖고 싶은 것을 적은 편지를 보내곤 했다. 전화 하기도 힘든 시절이었다. 이제는 모두 환갑이 넘은 동생들이 쓴 편지, 어쩌다 다시 보면 지금도 애잔하다.

대학에 가고 싶었다. 정말이지 죽도록 가고 싶었다. 고등학교를 졸업하던 해 한국방송통신대 농학과에 진학했다. 내 이력에서 첫 대학 입학 기록이다. 대학진학률이 25% 정도이던 시절, 대학을 다닐 형편이 안 되는 학생들이 라디오로 방송 수업을 듣는 2년제 대학이었다. 농학과를 선택한 이유는 당시 내 꿈이 고향에서 농사를 지으면서 농촌계몽운동을 하는 것이었기 때문이다. 결국 졸업은 하지 못했다. 여름에 2주간의 출석 수업이 있는데 신입 행원이 그렇게 긴

휴가를 쓸 수가 없었다. 그렇게 대학에 대한 꿈은 좌절됐다.

은행에서 열심히 일했다. 내가 배치받은 부서는 본점 심사부였다. 지점장 권한을 넘어서는 금액의 대출을 심사하는 업무였다. 은행 금리와 시중 금리 차이가 크던 시절이라 힘이 센 부서였다. 내 나름대로 업무에서 인정을 받았지만 세상에 휩쓸렸다. 세상에 눈을 뜨고 세상 돌아가는 것도 알아가면서 조금씩 나태해지고 타락해갔다. 술도 배웠다. 그러던 어느 날 출근하면서 1층 로비에 신입 행원 합격자 명단이 걸려 있는 걸 보게 됐다. 망치로 뒤통수를 맞은 것 같았다. 지난 1년 동안 나는 무엇을 했나. 시간을 이렇게 허비했구나.

4년제 대학을 가겠다고 결심했다. 야간대학이 몇 곳밖에 없던 시절이었다. 사무실에서 퇴근 후 가기에 가장 가까운 거리에 있는 대학은 당시 서대문사거리에 있던 '국제대학'이었다. 지금의 서경대학교다. 당시에는 덩그러니 건물 하나밖에 없었지만 주경야독하는 직장인들의 꿈이 모이는 곳이었다. 법학과에 입학했다. 캠퍼스의 낭만 같은 것은 없었지만 퇴근하고는 부지런히 달려갔다. 밥 먹을 시간이 없어 1교시 끝난 뒤 쉬는 시간에 늦은 저녁을 허겁지겁 먹었다. 학교 근처에 짜장면과 우동을 싸게 파는 집이 있어 늘 그곳에서 먹곤 했다.

대학 4년 동안 유일하게 D학점을 맞은 과목이 있다. 1학년 1학기 '경제학원론' 과목이었다. 퇴근하고 급히 학교에 달려가도 1교시 끝날 무렵에나 교실에 도착했는데 경제학원론 과목이 첫 수업이었다. 그러니 이 과목 수업은 제대로 들어본 적이 거의 없었다. 경제학원론에서 D학점을 받은 청년이 한참 뒤 대한민국 경제를 총괄하는 경제부총리가 되었으니 아이러니다. 농담처럼 그 성적은 국가 기밀이라고 말하기도 했지만 '웃픈' 추억이 아닐 수 없다.

열일곱 소년가장. 우리 가족은 더 이상 끼니 걱정을 안 해도 됐고 동생들은 고등학교까지 마칠 수 있었다. 어려운 입행 시험에 합격해 은행에 들어가 우쭐했던 기분도 잠시 곧 힘든 현실에 부딪혔다.

초급 행원 시절 내 일도 아닌데 일이 많아 쩔쩔매는 대리를 여관방에서 밤새 도와준 일이 있었다. 일을 하다보니 어느덧 어린 내가 일을 주도하고 정작 대리는 옆에서 나를 보조하고 있었다. 그분은 나중에 모 금융회사 최고경영자까지 되셨다. 인재들이 모였다는 기업분석부 근무 시절에는 호랑이 같은 부장님이 과장과 대리 등 책임자를 모아놓고 내가 만든 기업 신용조사서를 보여주며 "너네는 고졸 김동연만도 못하냐?"고 타박했다는 이야기도 들었다. 업무능력에 대한 칭찬으로 받아들일 수 없었다.

내가 갈 수 있는 길의 한계가 뻔히 보였다. 아무리 열심히 일하고 능력을 인정받아도 '고졸 출신'이란 벽은 넘기 어렵게 높았다. 100미터 달리기 경주를 50미터 뒤쳐진 출발선에서 뛰는 기분이었다. 같은 행원 중에 나이가 비슷한 대졸 친구가 둘이 있었다. 성격이 차분하고 좋은 사람들이라 많이 친해졌다고 생각했는데, 하루는 함께 술을 마시다가 이런 말을 들었다. "야간대학이나 다니는 주제에…." 취중에 무심코 나온 농담이었는지는 모르겠지만 나는 오래 그 말을 잊을 수 없었다. 천형(天刑)처럼 새겨진 한계가 원망스러웠다. 타는 갈증이 생겼다.

바보, 멍청이

은행 합숙소에서 생활하면서 가깝게 지내던 선배 한 분이 있었다. 서울대 법대를 나와 나보다 10년 이상 먼저 입사해 본점 관리부에서 근무하고 있었는데, 나 외에 다른 사람과는 별로 교류하지 않는 은둔형 선배였다. 어느 날 밤 그 선배 방에 놀러 갔다 나오면서 선배 방 앞 쓰레기통에 버려진 책들 중 한 권을 무심코 들고 왔다. 방에 와서 보니 고시 잡지였다. 고시 과목별 예상 문제와 답이 주된 내용이었는데 맨 뒷부분에 고시 합격기가 실려 있었다.

앞의 내용들은 하나도 이해할 수 없었지만 합격기는 쉽게 읽혔다. 책을 덮을 때 가슴이 뛰었다. 나도 한번 도전해보고 싶었다. 성남에서 군 복무를 마치고 은행에 복직한 뒤, 야간대학 3학년 1학기 때였다. 낮에는 직장에서 일을 하고, 저녁에는 야간대학에서 수업을 듣고, 숙소에 돌아온 늦은 밤에는 고시 공부를 했다. 1인 3역이었다.

합숙소 방 책상에 '여기서 주저앉으면 평생 은행원'이라는 글귀를 써붙였다. 고졸 은행원으로 평생 살고 싶지 않았다. 주위에서는 다 쓸데없는 짓을 한다고 나무랐다. 당시 만나고 있던 아내의 집안에서는 나와의 교제를 반대했다. 나중에 장모님이 된 아내의 어머니는 은행이나 다니지 무슨 고시 공부를 하느냐고 말씀하셨다고 한다. 장모님은 남동생 중 한 명이 서울대 법대를 졸업하고 수년간 고시 공부하며 고생하는 모습을 지켜본 경험에서 그러셨다고 들었다.

정말 열심히 공부했다. 죽어라 하고 공부했다. 이 세상 누구를 내 자리에 갖다 놓아도 나보다 더 열심히 할 사람은 없다고 생각했다. 시간과의 싸움이었다. 내가 시간을 지배하느냐, 시간이 나를 지배하느냐에 내 인생의 성패가 달려 있다고 생각했다. 처음엔 '내 시간 만들기'에 집중했다. 누가 뭐래도 내 공부에 집중할 수 있는 시간을 만들었다.

처음 목표는 하루에 두 시간이었다. 몇 달의 고생 끝에 겨우 두 시간을 내 시간으로 만든 뒤에는 세 시간, 네 시간으로 시간을 늘려갔다. 마지막엔 여섯 시간까지 만들었다. '자투리 시간'을 허투루 보내지 않았다. 15분 이상의 자투리 시간이 나면 공부를 했다. 15분이면 영어 단어라도 외우고, 30분이 넘는 시간이면 과목 하나를 들여다봤다. 이렇게 공부한 내용과 시간을 노트에 표로 만들었다. 지금도 갖고 있는 그 시간표를 다시 보면 '이렇게까지 살았나' 하는 생각이 들곤 한다.

1년 반쯤 지나서 행정고시 1차에 합격했다. 2차 시험은 논술 시험으로 나흘에 걸쳐 본다. 모두 일곱 과목. 사흘간 두 과목씩 보고, 마지막 날에는 한 과목 시험을 봤다. 첫날 국민윤리와 헌법은 무난하게 잘 봤다. 둘째 날 첫 과목인 행정법은 가장 자신 있는 과목이었다. 출제된 문제를 보고는 쾌재를 불렀다. 잘 아는 내용이었다. 시험 마치는 종이 울리자 시험 감독관은 답안지를 놓고 나가라고 했다. 나가서 점심을 먹고 다음 시험 과목인 행정학 시험을 보러 교실에 들어왔는데 난리가 나 있었다. 내 답안지가 없다는 것이었다. 그럴 리가 없다고 하다가, 설마하며 내 가방을 열어보니 그 안에 답안지가 들어있었다. 그 자리에 주저앉았다. 전날에는 시험 시간이 종료하자 머리에 손을 얹으라 하고 답안지를 걷어갔는데, 그날은 답안지를 두고 나가라고 했다. 답을 잘 썼다는 흥분에 답안지까지 가방에 넣은 채 시험장을 나온 것이다.

시험 감독관은 고의로 답안지를 갖고 나가 점심시간에 답안을 작성해 온 게 아니냐며 호통을 쳤다. 부정행위자는 5년간 국가시험 응시 자격이 박탈된다고 했다. 하늘이 무너지는 것 같았다. 결국 감독관들은 20장으로 된 답안지

맨 앞장의 초안지에 쓴 내용을 보고 고의가 아닌 실수라고 판정했으나 이번 시험은 실격으로 처리할 수밖에 없다고 했다.

다음 시간 시험이 시작되기 전 나는 응시 자격을 잃고 시험장에서 쫓겨났다. 시험 장소인 한성대학교 비탈길을 홀로 눈물을 흘리며 내려왔다. 힘겨운 직장과 대학생활, 고시 준비를 정말 열심히 하며 살았는데 그렇게 허탈하게 끝났다. 집에 돌아와 덩그렇게 놓인 책상 위에 순서대로 꽂아놨던 책들을 눈에 안 보이는 곳에 치웠다. 처다보기도 싫었다.

나중에 알아본 성적은 나를 더욱 괴롭혔다. 국민윤리 55.0, 헌법 70.28, 행정법은 실격이니 점수가 없었다. 그 다음 해 커트라인이 52.61점인 것을 감안하면, 헌법에서 고득점을 했으니 나머지 과목에서 과락만 하지 않고 50점씩만 맞아도 합격권에 드는 성적이었다. 더욱이 실격의 원인이 된 행정법을 잘 봤다고 자신하는 만큼 점수가 높게 나왔을 것이라고 생각하니 더욱 속이 쓰렸다. 자다가도 벌떡 일어났다.

아무에게도 이야기하지 않았다. 가족들에게조차도. 따지고 보면 내 잘못이었다. 누구를 탓할 수 없는 일이었다. 바보. 멍청이. 고시 공부를 때려치우자는 생각이 들 만도 한데 그런 생각은 전혀 들지 않았다. 다른 돌파구가 없기 때문이었다. 내가 갇힌 수용소를 탈출하는 유일한 길이 그것밖에 없었기 때문이다. 와신상담(臥薪嘗膽). 장작 위에 누워쓰디쓴 쓸개를 맛본다는 고사성어. 그랬다. 너무나 써서 삼키기는 힘들었지만, 슬럼프에 빠져봤자 나만 손해였다. 바로 그 심정으로 일주일 뒤 다시 책을 잡았다. 그 며칠 동안내 아픔과 고뇌를 아는 사람은 아무도 없었다.

별 희한한 학교 출신

실격을 당한 다음 해 입법고시와 행정고시에 모두 합격했다. 봄에 입법고시에 먼저 합격해 국회 예산결산특별위원회 입법조사관으로 발령받았다. 수석 합격이어서 가장 빨리 발령을 내주었다. 발령과 동시에 다니던 은행에 사표를 냈다. 내 경력을 보면 은행 그만둔 날과 공무원 발령받은 날이 같다. 고등학교 졸업반부터 시작한 직장생활을 하루도 쉬지 않고 계속한 것이었다. 스물다섯 살이었다. 군 복무 기간까지 합쳐 7년 8개월에 걸친 은행원 생활을 그렇게 마쳤다. 십 대 후반부터 우리 가족의 생계를 책임지게 해준 고마운 직장이었다. 내가 다녔던 한국신탁은행은 지금은 하나은행이 되었다. 경제부총리를 마친 뒤 하나은행에서 선배와의 대화시간을 만들어 초청해서 특강을 한 적이 있었다. 참석자들이 나를 은행 선배라고 반겨줘서 나도 반갑고 고마웠다.

국회에 몇 달 근무하던 중 행정고시에 합격했다. 교육 기간 중 일선 기관에서 수습 사무관으로 일하는 과정이 있었다. 고시 동기들 대부분은 서울시를 지원했지만 나는 고향인 충청북도를 자원했다. 고향 사랑 그리고 아버지에 대한 그리움 때문이었다. 꼭 고향에서 근무하고 싶었다. 청주 모충동에서 하숙하며 충북도청에서 근무하다가 자원해서 음성군청에 갔다. 도청과 군청에서 근무하면서 형식적으로 출근 도장만 찍은 게 아니라 정말 열심히 일했다. 음성에서는 음성읍에 있는 친척 형님 댁에서 출퇴근했다. 주말에는 형님과 농사도 지었다.

지방 근무를 마치고 기획재정부의 전신인 경제기획원에 발령받았다. 고시와 연수 성적이 모두 좋았던 덕에 대부분의 동기들이 선호하는 부처에 갈 수 있었다. 사실 나는 내무부에 근무하고 싶었다. 그러면 바로 연고지인 충북도청으로 발령받았을 것이고 고향에서 근무할 수 있었을 것이다. 아버지의 꿈이 어린 곳. 어머니의 고향. 내가 태어난 곳. 그러나 경제적으로 할머니, 어머니, 학교 다니는 동생들과 떨어져 두 집 살림을 할 여건이 도저히 되지 못했다.

경제기획원 사무관. 기뻤고 자랑스러웠다. 하지만 그 자부심이 열등감으로 바뀌는 데는 긴 시간이 필요하지 않았다. 발령을 받고 동기들과 함께 여러 사무실에 인사를 다녔다. 어느 과에 들어가 인사하는데 중참 사무관 하나가 물었다. "학교는 어디 나왔나?" 대답을 하고 나가는데 뒤통수에 이런 말이 와 닿았다. "요새는 별 희한한 학교 나온 애들도 시험에 붙어 여기까지 오네." 불에 덴 듯 얼굴이 달아올랐다.

처음에 근무한 곳은 국(局)의 총괄과였다. 그러다 몇 달 후 옆의 과로 옮겼는데 과장이 회식 중에 이런 이야기를 했다. 총괄과장이 그 과장을 불러 '두 명의 사무관 중에서 한 명을 고르라, 고르고 남는 사람을 총괄과에 근무시키겠다'고 했다는 것이었다. 그러면서 한 명은 학벌은 별로지만 은행에서 근무한 경험이 있어 바로 실전에 투입할 수 있고, 다른 한 명은 학벌은 좋은데 사회 경험은 없는 친구라고 설명했단다. 과장은 친절하게 이런 말을 덧붙였다. "총괄과장이 얘기하는 것을 보니 서울대 과 후배를 쓰고 싶어 하는 것 같아서 내가 자진해서 김 사무관을 데려왔어."

그냥 고졸 은행원으로 분수에 맞게 살았어야 했나 하는 생각이 들었다. 조직에서 숨 쉬고 살기가 힘들었다. 그냥 떠나고 싶었다. 마침 부처 간 인사교류제도가 있었다. 신청 마감 날 망설이다 주관부처인 총무처 실무자에게 전화를 했다. 고민 중인데 하루 더 시간을 줄 수 없냐고 물었다. 어느 부처냐고 묻더니 경제기획원이라고 하니까 하루 더 시간을 주었다. 내무부로 옮길 생각이었다. 마침 국회 근무할 때 경제기획원에서 파견 나와 모시고 근무했던 장석준 과장님이 옆 부서 과장으로 복귀해 계셨다. 찾아가 상의를 드렸다. 지금은 고인이 되신 장 과장님은 "김 사무관, 지금 잘하고 있으니 가지 말고 남아라" 하고 만류하셨다. 내무부로 옮기면 충북도청으로 가야 했고, 사무관 월급으로 어머니와 동생들과 떨어져 두 집 살림을 하는 것은 여전히 부담스러웠다. 그렇게 남았다. 그 33년 뒤 경제부총리 겸 장관이 됐으니, 이 또한 인생유전(人生流轉)인가 싶은 생각도 든다.

그 시절 내 속에 있던 수많은 감정 중 하나만 뽑으라면 그것은 '열등감'이었다. 주변에는 온통 명문대학 나온 사람으로 가득했다. '누구의 아들', '누구의 사위'라는 사람도 많았다. 내 학력과 배경으로 이 조직에서 살아남을 수 있을까 하는 회의가 들었다. 당시만 해도 고시 동기생들은 누구나 장관까지 할 거라고 생각할 정도로 꿈이 드높았다. 하지만 나는 좌절감이 깊었다. 백조 무리에 끼인 오리 새끼 같다는 생각이 들었다. 아무리 노력해도 넘어설 수 없는 벽 앞에 서서 열등감에 사로잡혀 어디로 향해야 할지 모르는 분노를 안고 꾸역꾸역 하루하루를 살아냈다.

아내에 대한 이야기도 잠깐 해야겠다. 고시에 합격한 다음 해에 아내와 결혼했다. 아내를 만난 건 은행에서였다. 나이는 동갑이지만 내가 학교를 일찍 들어가서 입사는 일 년 빨랐다. 내가 한국신탁은행에 입사한 다음 해 아내도 고졸 행원으로 서울은행에 입사했다. 그러고는 두 은행이 합병해서 서울신탁은행이 됐고 함께 본점 증권대행부에 발령받았다. 당시 나는 부서 서무주임이었다. 백 명이 훨씬 넘는 큰 부서의 총무과장 같은 역할이었다. 가진 것이라곤 쥐뿔도 없는 소년가장이었지만 자신감에 넘칠 때였다.

증권대행부에 여직원이 많았는데 그중 유난히 초롱초롱하고 선한 눈매의 아내가 눈에 들었다. 요즘처럼 대놓고 마음을 털어놓는 시대는 아니었다. 가끔 밥도 먹고 함께 일을 하면서 조금씩 가까워졌다. 알아갈수록 좋은 사람이었다. 차분한 성품도 성품이거니와 책임감 있고 야무졌다. 선한 인상 그대로 참 착한 사람이었다. 지금까지 살아오면서 아내만큼 변함없이 착한 사람은 본 적이 없다. 그렇게 조금씩 아내에 대한 마음을 키워갔다.

아내도 은행을 다니면서 주경야독 중이었다. 사무실에서 가까운 숭의여자대학에서 보육학을 전공하고 있었다. 아이를 좋아하는 아내는 나중에 방송통신대학에서도 유아교육을 전공했고, 동국대학교에서 유아교육학 석사까지 마쳤다. 나처럼 힘들게 공부했다. 아내는 나와 같은 충청도 출신이다. 본적은 공주이지만 태어난 곳은 논산 강경이었다. 중학교 교사이셨던 장인께서 강경중학교에 근무하실 때 아내가 그곳에서 태어났다고 한다. 장인께서 천안 일대에서 교감, 교장을 지내시는 동안 아내는 천안초등, 천안여중, 천안여고를 나왔다. 장인께서는 초대 도고중학교 교장을 지내셨고 그 후 입장중학교 교장 재직 중 순직하셨다. 언젠가 충남도민회 행사 중 장인에 대한 이야기를 할 기회가 있었는데, 한 분이 도고중학교 1회 졸업생이라며 당시 교장이셨던 장인 이야기를 해서 반가웠던 기억이 난다.

아내와 사귀는 동안 처갓집 반대가 심했다. 연애를 허용하지 않는 보수적인 분위기도 컸지만, 가난한 대가족의 가장, 합격을 예측하기 어려운 고시 공부에 대한 부정적인 생각 때문이었다. 너무 힘들어하는 아내가 안쓰러워 두 번이나 헤어지자고 했을 정도였다. 헤어지자고는 했지만 내심 아내를 놓치고 싶지 않았다. 고맙게도 아내는 심지가 굳었다.

아내 기억에 따르면 주경야독하며 고시 공부를 하던 내가 데이트 중에도 공직자의 마음가짐과 청렴에 대해 열변을 토했다고 한다. 분노와 상처를 안고 살아가며 안으로 담금질하던 내 젊은 날에 아내는 든든한 버팀목이었다. 너무도 감사할 일이다.

고시생 시절 매주 아내에게 보냈던 엽서들

2장
—

자신의 틀을 깨는 반란

———

내가 정말 하고 싶은 일이 무엇인지 몰랐다. 이제껏 '내가 하고 싶은 일'이라며 열심히 한 것들이 사실은 내가 아니라 주위나 사회에서 원하는 길이었다. 남이 하고 싶은 일을 내가 하고 싶은 일로 착각하고 살았던 것이다. 바보처럼 살았다. 엄청난 충격이었다. 그 인생은 내 인생일까, 남의 인생일까.

나 자신에게 화가 났다. 다음 반란은 나 자신에 대한 분노에서 비롯됐다. 이렇게 살 수는 없었다. 정말 내가 원하는 것이 무엇인지 찾아야 했다. 익숙한 것들과의 결별이 필요했다. 이제껏 살아온 방식, 이제껏 쌓아온 내 틀. 이런 것들을 깨야 했다. 고통스러웠다. 그 '익숙한 것들'은 이제까지의 내 성공 경험이었기 때문이다.

———

'자신의 틀을 깨는 반란'이 필요했다. 새로운 세상으로 나아가기 위해서는 알을 깨야 했다. 두꺼운 껍질. 나 자신이 쌓은 견고한 틀. 맨땅에 헤딩하기였다. 유학 가서 그렇게 틀을 깬 이후 청와대, 세계은행, 기획재정부에서 일하는 나는 전과 달랐다. 더 이상 주어진 일, 시키는 일 잘하는 공직자가 아니었다. 새로운 일에 도전하고 스스로 길을 만들어가는 전사(戰士)였다. 그러면서 내 안에 소신, 자기중심 그리고 용기가 차곡차곡 쌓여갔다.

세계은행 프로젝트매니저로 세계를 누비던 때 방글라데시에서

최하점 6명, 최고점 7명

고시까지 합격해서 사무관이 됐지만 새로 몸을 담게 된 조직은 다른 형태의 수용소였다. 또 다른 높은 벽이 있었다. 그 견고함과 높이 앞에서 좌절하고 분노했다. 그 벽을 넘고 싶었다. 아니, 깨고 싶었다. 처절했다.

우선 이 조직에서 살아남을 길을 생각했다. 공부를 더 하고 싶었다. 아니, 가방끈을 길게 늘리고 싶었다. 유일한 돌파구는 유학이었다. 아내를 위해서도 그랬다. 여덟 식구 대가족, 경제적으로 계속 어려웠다. 아내는 결혼 후에도 생계를 위해 직장생활을 계속해야만 했다. 시외할머니와 시어머니를 모시고 시동생 셋을 건사해야 하는 아내에게도 전환점이 필요했다. 특히 아내는 태어난 지 얼마 안 되는 첫 아이와 시간을 많이 보내지 못하는 것을 못내 아쉬워했다.

유학을 갈 수 있는 유일한 길은 국비유학의 기회를 잡는 것이었다. 5~6년 근무 연차를 채우고 소속된 실국에서 근무 평정을 잘 받아야 후보로 추천을 받을 수 있었다. 그런 다음 후보로 추천된 사람들끼리 예선과 본선, 두 번에 걸친 유학 시험을 치러야 했다. 부처 안에서 하는 치열한 경쟁이었다. 경제기획원은 특히 경쟁이 더 치열했다. 추천받기 위해 열심히 일하고, 시험에 붙기 위해 죽기 살기로 준비했다. 유학의 기회를 잡지 못하면 나는 이 조직에서 낙오될 수밖에 없다고 생각했다. 내게는 그만큼 절박했다. 고시 공부할 때보다 더 열심히 영어 공부를 했다. 한번은 아침에 일어났는데, 아내가 "당신, 자면서 영어로 잠꼬대를 하더라"고까지 할 정도였다.

국비유학생으로 선발이 됐다. 뛸 듯이 기뻤다. 2년 간 석사 공부를 할 수 있는 장학금이었다. 더 운 좋게는, 이와 별개로 지원했던 미국 정부에서 주는 풀브라이트 장학금(Fulbright Scholarship)도 받게 됐다. 미국 상원 외교위원장이었던 풀브라이트 상원의원의 이름을 딴 장학금이다. 나는 일등으로 합격해서 박사 과정을 마칠 수 있는 장학생으로 선발됐다.

나중에 재단의 사무국장에게서 재미있는 후일담을 들었다. 당시 풀브라이트 장학금 심사위원은 총 13명이었다고 한다. 심사위원장인 주한미국대사관 문정관(文政官)을 포함 미국 심사위원 7명, 한국 심사위원 6명이었다. 이분들이 서류 심사를 하고 집단 면접도 실시한 후 각자 평가한 점수를 합산해서 등수를 매겼다. 한국 심사위원 6명은 전원이 내게 거의 최하점을 주었다. 반면 7명의 미국 심사위원들은 전원이 최고점을 준 덕분에 내가 일등으로 선발됐다는 것이다. 그때까지 수십 년 동안 서울대, 연세대, 고려대, 서강대 등 몇 대학 외 출신으로는 첫 합격자라는 말도 들었다. 참 희한한 일이었다. 정확한 이유를 알 길은 없지만 적어도 학벌이 작용했다는 짐작은 갔다. 기쁘면서도, 다른 한편으로는 씁쓸했다.

앤아버(Ann Arbor)에 있는 미시간대학(University of Michigan)에 갔다. 전공은 정책학이었다. 한국에서 대학과 대학원을 야간으로 다녔던 나는 처음으로 캠퍼스 생활을 하게 됐다. 꿈같은 일이었다. 네 살배기 큰아이는 하늘을 나는 종달새 같았고 아내도 행복해했다. 한편, 빨리 학위를 받아야 했다. 나를 기다리고 계신 할머니, 어머니, 동생들. 그리고 직장에서의 경쟁 레이스에 뒤처지지 말아야 한다는 강박감. 가능한 한 단기간에 마치고 돌아가겠다는 의지가 차고도 넘쳤다.

첫 학기와 둘째 학기는 글자 그대로 '생존게임(survival game)'이었다. 교수의 강의는 알아듣기 어려웠고, 상업학교를 다녀 수학을 제대로 공부하지 않았던 내게 필수과목인 경제수학, 통계학 같은 과목은 골칫거리였다. 학위는 다음 문제이고 우선 살아남아야 했다. 잠자는 시간을 줄이고 생활을 단순화했다. 첫 일 년 동안은 거의 매일 새벽 2, 3시까지 공부했다.

한국에서 대학과 대학원을 다니면서 그리고 고시 공부를 하면서 갈고닦은 성적 잘 받는 노하우를 모두 동원했다. 성적 받기 좋은 과목을 택했고, 수업 시간에는 시험에 어떤 문제가 나올지, 어떻게 시험 준비를 해야 하는지에 집중했다. 학문이 아니라 시험 공부를 했던 것이다. 성적만 놓고 보면 대성공이었다. 첫 두 학기에 들었던 여덟 과목에서 모두 A학점을 받았다. 걱정했던 경제수학까지 반에서 유일한 A+였다. 힘은 들었지만 모든 일이 순조롭게 흘러가고 있었다. 적어도 다음 큰 벽을 만나기 전까지는 그랬다.

가장 지독했던 회의(懷疑)

셋째 학기 올라갈 때 심각한 슬럼프에 빠졌다. 지독한 회의(懷疑)였다. 그동안 크고 작은 슬럼프도 그저 열과 성을 다하다보면 지나갔는데 이번에는 달랐다. 처음에는 그 회의의 정체조차 알 수가 없었다. 시작은 이랬다. 학기를 마치고 학점은 잘 받았는데 그걸로 끝이었다. 머리에 남은 것이 없으니 응용이나 적용을 할 수 없고, 더 나아가 창의적인 생각은 어림없는 일이었다. 오로지 성적만이 목적이었다는 자괴감, 남는 것은 하나도 없다는 공허감이 들었다. 어렵게 유학을 와서 하는 공부가 한국에서 하던 시험 공부와 무슨 차이가 있는지, 이렇게 공부하는 게 무슨 의미가 있는지 하는 깊은 회의가 들었다.

당시 내 상황을 정리하면 간단했다. 하나의 질문에 대한 답을 찾지 못한 것이었다. "왜 공부를 하는가?" 그동안은 주로 나를 둘러싼 환경이나 상황이 내게 질문을 던지고,

나는 열심히 답을 찾았다. 그러나 이번 질문은 차원이 달랐다. '내가 나에게 던지는 질문'이었다. 도무지 답을 찾을 수가 없었다. 성적이나 박사학위는 답이 되지 못했다. 보다 근본적인 답이 필요했다. 답을 찾지 못하면 한국에서 했던 것처럼 '시험 공부하는 기계'가 될 것 같은 위기감이 들었다.

그러고 나니 자신을 향한 질문이 꼬리에 꼬리를 물고 생겼다. 나는 왜 공직을 택했는가. 왜 경제기획원을 택했는가. 죽을 고생을 하고 온 유학은 가슴에 박사라는 훈장을 달기 위해서였나. 더 나아갔다. 나는 누구인가. 무엇을 위해 살고 있는가. 혼란스러웠다. 이제까지의 인생을 되돌아봤다. 그리고 이상한 것을 발견했다. 이제껏 내가 '하고 싶은 일'이라고 생각하고 열심히 한 일들이 사실은 내가 아니라 남이나 주위에서, 또는 사회에서 좋다고 하는 일들이었던 것이다. 그런 것들을 내가 하고 싶은 일로 '착각'하고 살았다는 생각이 들었다. 그것은 엄청난 충격이었다. 지금껏 나를 가두는 환경이라는 틀을 깨겠다고 '유쾌한 반란'을 일으켰는데, 이제는 내가 만든 틀에 갇혀 살고 있다는 생각이 들었다. 남이 원하는 일을 내가 하고 싶은 일로 착각하고 산다면 그건 내 인생일까, 남의 인생일까 하는 생각까지 들었다. 그랬다. 환경이 내게 던진 질문보다 내가 내 자신에게 던진 질문이 더 어려웠다.

이렇게 살 수는 없다는 생각이 들었다. 내 인생이 아닌 남의 인생을 살 수는 없었다. 그동안 깊이 분노했던 순간들을 떠올렸다. 고졸 출신 주제에···. 변변한 대학도 못 나온 녀석이···. 별 희한한 대학을 나온 친구···. 만약 공부하는 기계로 지금처럼 산다면, 명문대 박사를 훈장이라 여기며 돌아간다면 나를 그렇게 무시했던 사람들처럼 살게 되진 않을까. 집안의 몰락과 어려운 환경 때문에 그럴 시간이 늦춰졌을 뿐, 나도 같은 길을 걷고 있는 건 아닐까. 두려웠다. 무엇보다 내 스스로에게 화가 났다.

변화가 필요했다. 당장 바뀌어야 한다는 절박감이 들었다. 내가 정말 하고 싶은 것이 무엇인지 찾아야 했다. 그러기 위해서는 나 자신을 가두고 있는 틀을 깨야 했다. 익숙했던 것들과의 결별이 필요했다. 시행착오를 겪을 수밖에 없으리라. 당시 내게는 '패러다임 변화(paradigm shift)'에 해당하는 엄청난 사건이었다. 그것은 '자신의 틀을 깨는 반란'이었다. 이 경험을 계기로 내 인생이 바뀌었다.

우선 공부하는 태도와 방법부터 바꿨다. 이제껏 해오던 '시험 공부'가 아니라 내가 정말 하고 싶은 것을 찾아야겠다고 생각했다. 성적 받기 쉬운 과목이 아니라 힘들더라도 듣고 싶은 과목을 택했다. 아직 내가 하고 싶은 것이 무엇인지 정확히 알지는 못했지만, 그에 가까운 것들을 찾아다녔다.

성적 받는 데 특화된 공부 습관들과 헤어지는 건 더욱 힘든 과정이었다.

박사논문 주제를 정할 때도 거꾸로 접근했다. 당초는 한국 학생들이 많이 하는 계량모델을 돌릴 생각을 했지만 접었다. 학위 과정을 빨리 끝내려는 방편이었지 내가 하고 싶은 방법이 아니라는 것을 누구보다 내가 더 잘 알고 있었다. 어떤 주제를 택하면 빨리 끝낼 수 있을까가 아니라, 어떤 주제를 연구하면 가장 신바람이 날까 생각했다. 연구하고 싶었던 주제들을 파고들었다. 힘든 과정이었지만 '내 주제들'을 찾는 과정은 밤을 새워도 즐거웠다. 그리고 그 주제 중의 하나가 결국 내 박사논문 주제가 됐다. 이전에 없던 새로운 이론을 제시하는 것이어서 주위에서는 그 주제로 논문을 쓴다면 시간이 많이 걸릴 거라고 말렸다. 하지만 내가 하고 싶은 것을 하고 싶었다. 결과적으로는 당초 생각했던 계량모델을 돌리는 것보다 오히려 훨씬 빠른 시간 내에 학위를 마칠 수 있었다.

내가 던진 질문, 내 자신의 틀을 깨는 반란을 통해 새로운 경험을 했다. '시험 공부'가 아닌 '학문하는 재미'를 알게 됐다. 물론 익숙한 것들과의 결별을 실천에 옮긴 초기부터 그랬던 것은 아니었다. 2년 넘게 무수한 시행착오를 거쳐 도달한 언덕이었다. 무엇보다 소중한 수확은 자기가 하고 싶은 것을 찾아 '시도하는 즐거움'을 경험하게 된 것이었다. 하고 싶은 일이 무엇인지 찾는 것은 생각보다 힘든 일이다. 우리 사회의 틀, 사회의 인센티브 시스템이 가로막고 있기 때문이다. 그때 이후 나는 끊임없이 스스로에게 묻는다. 지금 이 순간에도 스스로에게 묻는다.

"나는 과연 지금 내가 하고 싶은 일을 하고 있는가?"

문틈으로 밀어넣은 페이퍼

미시간대학에서는 아무도 내게 어느 대학을 나왔냐고 묻지 않았다. 내 배경에도 관심이 없었다. 내 노력과 실력만을 볼 뿐이었다. 마음이 그렇게 편할 수가 없었다. 좋은 지도교수를 만났다. 내 전공 분야인 공공정책과 정치과학의 대가이기도 했지만 인간적으로 훌륭한 분이었다. 로렌스 모어(Lawrence Mohr) 교수였다. 친근하게 '래리(Larry)'라고 불렀다. 래리는 흔쾌히 내 학문의 멘토가 되어주었다.

첫 학기부터 그의 수업을 들었지만 4학기 때는 래리와 단 둘이 진행하는 '인디펜던트 스터디(independent study)' 과목을 수강했다. 일대일 토론 수업으로 교수가 알아서 숙제도 내주고 만나는 시간도 서로 의논해 정했다. 고맙게도 래리는 사전에 약속하지 않아도 아무 때나 노크하고 들어오는 것을 마다하지 않았다. 일주일에 최소 두 번, 한 번에 두 시간 이상씩 토론했다. 따져보니 그 학기에만 100시간 넘게 둘이 토론했고 그 전 학기들까지 합치면 200시간 이상 만났다.

나는 아주 적극적이고 능동적으로 수업에 참여했다. 보통은 내가 아이디어를 내면 래리가 듣고 의견을 주고 참고 문헌도 알려주었다. 래리가 문제를 던지기도 했다. 내가 먼저 자발적으로 내 아이디어와 토론 내용을 두세 페이지짜리 짧은 페이퍼로 작성해 다음 날 아침 래리의 연구실 문틈으로 넣어놓겠다고 제안했다. 두 시간 이상 토론을 하고 나서 늦은 밤까지 페이퍼를 쓰는 작업은 피곤했지만, 아이디어를 그때그때 정리하고 싶었다. 래리는 내가 문틈으로 밀어넣은 페이퍼에 자신의 의견을 꼼꼼하게 달아 돌려주었다. 그러고는 다음에 만나면 다시 토론하고 다음 아이디어로 넘어가곤 했다.

박사논문 자격 시험에 최종 합격하여 드디어 논문을 쓸 자격을 얻은 날, 래리의 연구실에 들러 합격 소식을 전했다. 래리는 함께 기뻐하며 축하해줬다. 그러더니 나에게 다음 날까지 박사논문 주제가 될 만하다고 생각하는 것 몇 개를 뽑아 주제당 한 장씩 페이퍼를 써오라고 하는 게 아닌가. 나는 깜짝 놀라며 농담하냐고 물어봤다. 이제 겨우 논문 자격 시험을 통과했는데 논문 주제를 가져오라고 하다니! 래리는 정색을 하며 말했다. 그동안 우리 둘이 수백 시간 토론하고 네가 그렇게 많은 아이디어를 냈는데 왜 못하냐고. 한 페이지가 힘들면 반 페이지, 그것도 어렵다면 한 단락씩이라도 써오라고 했다. 논문 자격 시험을 통과한 날은 보통 맥주파티를 열어 자축하는 날이다. 그러나 나는 그날 밤을 꼬박 새우다시피 하며 여섯 개의 주제를, 각각 반 페이지씩 페이퍼로 만들어 다음 날 래리에게 가져갔다. 래리는 그중 네 개는 박사논문 주제가 될 만하다고 했다. 실제로 그중 하나가 내 박사논문 주제가 됐다.

고마운 일이었다. 박사논문 주제를 잡는 데만 몇 달, 길면 몇 년이 걸리는 것이 보통이다. 수십 페이지가 넘는 긴 논문 주제 제안서(prospectus)를 여러 번 쓴 뒤에 지도교수가 오케이를 해야 박사논문 주제가 되는 것이 일반적이다. 나는 그 과정을 래리와 수많은 토론을 하며 이미 지나온 것이었다. 한참 전 지독한 회의가 없었더라면, 그래서 내가 하고 싶은 일을 찾아야겠다는 결심이 없었더라면 불가능한 일이었다. 익숙한 것들과의 결별 그리고 내 삶의 주도권을 쥐기 위한 치열함이 없었더라면 말이다. 논문을 쓰면서 여러 날 밤을 새워도 힘든 줄 몰랐다. 내가 연구하고 싶은 주제였기 때문이다. 꿀 독에 빠진 벌처럼 파고들었다.

내 전공은 '정책결정론'이다. 그리고 내 논문 주제는 새로운 정책결정이론을 만드는 것이었다. 두 명 이상이 하는 집단의사결정에는 여러 이론이 있다. 대부분이 참가자의 합리성에 기반을 둔 모델들이다. 그러나 나는 전혀 다른 측면에 착안했다. 의사결정자들 간에 힘(power)의 차이가 있어도 기존 모델들로 설명이 가능할까. 현실 세계에서는 영향력의 차이가 있는 것이 일반적이지 않은가. 결국 힘의 차이가 있는 구성원 간에 작동하는 새로운 의사결정모델을 만들었다. 교수의 요청에 따라 사례연구까지 덧붙였다.

미시간대학에 온 지 3년 9개월 만에 석사와 박사를 마쳤다. 내 논문은 우수 논문으로 뽑혀 논문 장학금을 받았고 미시간대학 출판부(University of Michigan Press)에서 책으로 출간하자는 제안도 받았다. 대단한 영광이었다. 어쩌면 한국 엘리트 교육의 전형에서 벗어난 것이 미국 시스템에 적응하는 데 도움이 됐는지도 모르겠다. 그때 논문 초고 페이퍼들을 아직도 보관하고 있다. 래리가 손으로 빽빽하게 쓴 코멘트가 그대로 남은 자료가 큰 상자로 두 개 분량이 넘는다. 학문하는 즐거움, 보람, 내 청춘 그리고 래리와의 추억이 고스란히 담긴 소중한 기록이다.

공부를 마치고 몇 해 뒤 미국 출장을 가게 됐다. 앤아버에 방문해서 래리를 만났다. 래리는 자신이 가르치는 정치학과 박사 과정 그리고 학부 4학년 두 과목의 강의계획표(syllabus)를 보여줬다. 두 과목 모두 내 박사논문이 필독 문헌으로 포함되어 있었다. 래리는 그 논문의 학문적 성취를 이야기하며, "너는 떠났지만 네 작품은 여기 살아 있어"라고 말했다. 큰 영광이었다. 여러 해 뒤 과장으로 승진해 근무하고 있을 때 래리가 은퇴한다는 소식을 들었다. 일주일 휴가를 내고 우리 네 가족이 미시간대학에서 열린 은퇴식에 참석했다. 쉽지 않은 결정이었다. 경비도 경비였지만, 공직자가 휴가를 내고 해외여행을 간다는 것은 상상하기 어려운 시절이었기 때문이다. 한국에서 내가 일부러 찾아와 은퇴식에 참석한 일은 미시간대학에서 제법 화제가 됐다.

몇 년 뒤 2002년 워싱턴에 있는 세계은행(World Bank)에 근무할 때는 시카고에 살던 래리가 나를 보기 위해 일부러 비행기를 타고 워싱턴에 오기도 했다. 2015년 아주대 총장 취임식 때 래리 부부를 한국으로 초청했다. 경비는 내가 개인적으로 부담하겠다고 했다. 당시 래리는 이미 84세의 고령이어서 비즈니스 항공권을 보내겠다고 했다. 펄쩍 뛰면서 이코노미 클래스로 하지 않으면 안 오겠다고 했다. 그런 분이다.

2025년 1월 초에 래리의 아내 리즈(Liz)로부터 짧은 이메일이 왔다. 래리의 건강이 안 좋다는 것이었다. 올해 94세시다. 바로 전화 통화를 했는데 말을 잘 못 알아들으셨다. 이렇게 돌아가시면 어쩌나 싶어 그날 밤 잠을 못 이뤘다. 마침 미국에 있는 둘째에게 연락해서 찾아가 뵈라고 부탁했다. 아들이 방문하기 전 리즈와 통화를 했는데 리즈는 "래리가 치매기가 있다. 혹시 너는 못 알아볼지 모르겠지만 네 아빠는 선명히 기억하고 계신다"고 했다고 한다. 그 이야기를 듣고 마음이 더 아팠다. 며칠 뒤 아들이 래리를 방문해 하루 종일 말동무를 했고, 화상 통화를 연결해주었다. "래리, 내가 아무 때고 연구실 노크하면서 '시간 좀 되세요? (Do you have minutes?)'라고 물어보면 항상, '들어와!(Come on in!)'라고 했던 거 기억나세요?" 했더니, "물론이지" 하며 기억한다고 하셨다. 가슴이 먹먹해졌고 옆에 있던 아내는 울기 시작했다.

선생님 건강하세요. 제가 꼭 한번 다시 시카고로 찾아가 뵙겠습니다.

두 대통령의 청와대

　　운 좋게 내 그릇을 키울 기회가 두 번이나 있었다. 한 번
은 김영삼 대통령 때, 다른 한 번은 김대중 대통령 때다. 청
와대에서 근무하며 두 분 대통령을 모셨다. 두 번 다 내 임
무는 국정 전반을 다루는 일이었다. 공직자 아무나 할 수
없는 귀한 경험을 한 것이다.

　　첫 번째 청와대 근무의 기회는 1993년 김영삼 대통령 취
임 첫해에 있었다. 내 보직은 기획조정비서관실 행정관이었
다. 비서실장 직속으로 국정 전반을 다뤘다. 경제뿐 아니라
정치, 사회, 교육, 인사 일부 업무까지도 했다. 당시 비서실
장은 박관용(뒤에 국회의장), 비서관은 기획재정부 출신인 김
광림(뒤에 재경부 차관, 국회의원)이었다. 기획조정비서관실에는
행정관이 두 명밖에 없었다. 보고서는 거의 모두 내가 작성
했다. 중요한 정책 대안을 만들고 개혁 조치를 위한 고민과
해법을 만드는 데 역점을 뒀다.

하루에도 몇 건씩 보고서를 쓰면 비서관이 비서실장에게 보고했다. 김광림 비서관은 내가 쓴 보고서를 세일(sale)하는 데 대단한 능력을 가진 분이었다. 비서실장은 비서관의 보고를 받은 다음 날 이른 아침 조깅을 마친 김영삼 대통령에게 그 내용을 보고했다. 금융실명제 검토, 정부조직 개편방안 검토 등 내가 작성한 보고서는 대통령께서 거의 그대로 채택하여 발표하거나 지시를 내렸다. 나로서는 막중한 임무였다. 온 힘을 다해 열심히 일했다. 개인적으로는 국정 전반을 보는 눈이 생기고 역량도 키울 수 있었다. 시키는 일 잘하는 공무원에서 스스로 일을 주도하는 공직자로 바뀌는 좋은 계기가 됐다. 정말 좋은 기회였다. 1년 3개월을 일하고 청와대 나올 때 헤아려보니 내가 쓴 보고서가 550건에 달했다.

청와대를 나오고 나서 8년 만에 다시 청와대에서 근무하게 됐다. 김대중 대통령 국민의 정부 때였다. 이번에는 국장급 비서실장 보좌관이었다. 당시 기획예산처 장관이던 전윤철 장관이 비서실장으로 내정되면서 비서실장 보좌관으로 나를 지명했다. 당시 비서실장 보좌관은 청와대 수석회의 멤버로 국정 전반에 걸쳐 비서실장을 보좌하는 중요한 자리였다. 당시 경제수석은 한덕수(현 국무총리), 정책수석은 김진표(뒤에 경제부총리, 국회의장)였다. 쟁쟁한 멤버였다.

사실 처음에는 가지 않으려고 용을 썼다. 이미 그 직전 세계은행(World Bank)에 지원해서 직원으로 채용됐고, 국제기구 고용 휴직으로 출국을 준비하던 때였다. 안양에 있는 집도 팔고 아이들 학교도 중단한 상태였다. 당시 예산실장이던 박봉흠 실장(뒤에 기획예산처장관, 청와대 정책실장)에게 청와대 가지 않도록 장관을 설득해 달라고 했다. 박 실장은 정색을 하며 그 자리가 어떤 자리인데, 비서실장이 부르는 것이 아니라 대통령이 부르는 것이니 명에 따라야 한다며 오히려 나를 설득했다. 청와대에 가기로 결심한 뒤에는 마지못해서가 아니라 흔쾌히 가는 것으로 장관에게 보고해 달라고 했다. 세계은행에 사정이 생겨 못 가게 됐다는 양해 편지를 보냈다. 그렇게 두 번째 청와대 생활이 시작됐다.

첫 출근을 하니 내 책상 위에 전화기가 두 대 있었다. 하나는 익숙한 키폰 전화기였는데, 다른 하나는 백색, 옛날 다이얼식 전화기였다. 아무도 그 전화기의 용도를 알려주지 않았다. 출근 첫날 혼자 야근을 하고 있는데 밤 8시 지나 백색 전화기가 울렸다. 받아보니 김대중 대통령이었다. 그 전화는 대통령과 직통 전화였고 비서실장과 내 책상에 각각 놓여 있었다. 첫날 대통령 목소리를 직접 들은 것이었다. 기품 있으면서 온화한 목소리였다. 비서실장을 찾다가 새로 온 국장이냐며 격려를 해주셨다. 비서실장 보좌관을 하면서는 매일 열리는 비서실장 주재 수석회의에 참석했고 모든 국정 현안을 다뤘다. 한 단계 높은 수준에서 국정을 보는 시야를 견지하며 비서실장을 보좌해 주요한 현안들을 적정하게 처리하는 데에 힘을 쏟았다.

전윤철 비서실장은 골프를 무척 좋아했다. 대통령께 허락을 받고 매주 토요일마다 아침 일찍 골프를 치고 오후 1시에 출근했다. 나는 오전부터 출근해 그날 보고할 내용을 짧은 페이퍼로 만들어 두었고 실장은 그 페이퍼를 바로 대통령께 보고했다. 보고를 마치면 대통령께서 어떤 말씀을 하셨는지 상세히 알려주곤 했다. 그때마다 핵심을 명확히 짚고 시대를 통찰하는 안목을 가진 김대중 대통령에게서 거인의 풍모를 느끼곤 했다. 전윤철 실장은 '전봇대'라는 별명을 가진 분이었지만, 내게는 한 번도 목소리를 높인 일이 없었다. 오히려 경제 분야뿐 아니라 국정 전반에 걸쳐 내 의견에 귀를 기울여주셨다. 전적으로 나를 신뢰해주었다. 지금도 나를 만나면 매주 주말 출근하게 한 것에 대해 미안해하시곤 한다.

몇 달 지나지 않아 당시 진념 경제부총리가 경기도지사 선거에 출마하면서 전윤철 실장이 후임 경제부총리로 가게 됐다. 당시 김대중 대통령의 세 아들이 연루된 소위 '홍삼 게이트'로 시끄러울 때였다. 세 아들의 처리에 대한 보고서를 밤새 준비하고 새벽에 청와대 체력단련장인 '연무관'에서 간단히 샤워하고 출근하려는데 전 실장에게서 전화가 왔다. "나 부총리로 내정됐어." 바로 출근해서 말씀드렸다. "지시하신 보고서는 준비했는데 보지 않으시는 게 좋겠습니다. 후임 실장께 맡기시지요." 후임 비서실장은 박지원(현 국회의원)이었다.

그 후 7년 뒤 다시 한번 청와대에 근무하게 돼서 세 분의 대통령을 가까이서 모셨다. 일반직 공무원으로는 하기 힘든 경험이었다. 그중에서도 김대중 대통령을 모시고 일한 것은 큰 영광이었다. 발전노조 파업 사태 때 밤잠을 못 이룰 정도로 고민하시다가 잘 마무리되자 눈물 글썽이시던 모습에서 나라 사랑의 진면목을 보기도 했다. 영광과 동시에 큰 행운이기도 했다. 김대중 대통령의 국민에 대한 진정성, 국정을 보는 시야와 리더로서의 책임감, 국제적 안목, 서로 다른 진영을 아우르는 통합의 리더십을 경험하고 배울 수 있었기 때문이다.

세계를 누비다

전윤철 비서실장이 경제부총리로 갈 때는 재정경제부와 기획예산처가 나뉘어 있었다. 나는 기획예산처 소속이었지만, 전 실장이 부총리로 가면서 나도 재정경제부로 옮겨 부총리 비서실장이나 경제정책국장으로 부임할 거라는 소문이 돌았다. 실제로 전 부총리는 재경부로 올 것을 권유했다. 정중히 사양했다. 청와대와 달리 재경부에는 부총리를 모실 분들이 많고, 내가 가면 부총리께도 부담이 된다고 말씀드렸다.

이때 다시 세계은행에 지원했고 다행히 이번에도 채용이 됐다. 동시에 같은 워싱턴에 있는 존스홉킨스대학(Johns Hopkins University) 국제대학원 교환교수도 겸하게 됐다. 전 부총리의 제의를 거절한 데에는 다른 이유도 있었다. 새로운 시도와 도전을 해보고 싶었다. 전 세계 전문가들이 모인 곳에서 '빡세게' 경쟁해보고 싶었다. 국장은 일반직 공무원의 꽃이다. 국장이 되면 사무실을 따로 쓰고 비서를 둔다. 40~50명의 직원을 거느리며 정책 수립과 집행을 주도할 수 있다. 그런 안정감이 싫었다. 편안함에의 안주가 몸과 마음을 나태하게 만들 것 같았다. 그래서 한국 정부에서 월급을 받는 '파견관'이 아니라 세계은행에서 월급을 받는 직원으로 부딪쳐보고 싶었다.

세계은행에서의 도전. 결심을 단단히 했지만, 온실 속에 있다가 발가벗겨진 채 비바람 몰아치는 황야에 내동댕이쳐지는 심정이었다. 그래도 그런 경험과 도전이 나를 단단하게 만들고 내 자신의 틀을 깨는 계기가 되리라 믿었다. 세계은행에서는 프로젝트 매니저로 일했다. 처음에는 당혹스러웠다. 부임한 지 두 달이 다 되어가도록 상사가 나를 한 번도 찾지 않았다. 나는 당연히 상사가 나를 불러서 내 임무와 업무 범위에 대해 지시할 것으로 생각했다. 내 착각이었다.

일은 주어지는 것이 아니라 자신이 주도적으로 만드는 것이었다. 이곳에서는 내가 주도적으로 프로젝트를 만들어서 끌어가야 했다. 그걸 알고는 한 달 정도 내가 맡은 분야인 재정정책과 재정 개혁에 대한 페이퍼를 작성해 관련 부서와 전문가들에게 돌리고 의견을 구했다. 그 내용을 보고 여러 부서에서 함께 일하자는 제안을 받았다. 그때부터 내

프로젝트를 독자적으로 만들기 시작했다. 1년에 10개 이상 프로젝트를 만들어 누구보다 활발하게 일을 벌였다.

내 분야는 국가의 재정에 관한 것이었다. 특히 국가의 비전과 발전 계획을 정부 예산 편성과 연계하는 방안이 중심이었다. '경제 계획과 예산의 연계(Linkage between Planning and Budgeting)'란 제목으로 논문과 자료를 만들어 프로젝트에 활용했다. 동시에 바람직한 재정 개혁의 방안도 마련했다. 이런 내용을 세계은행 회원국에게 전수하고 정책자문을 해주었다. 상대는 주로 재무부의 고위 관료들이었다.

프로젝트의 기안과 실행을 위해서는 예산의 확보가 중요했다. 예산은 세계은행 내의 여러 기금과 펀드에 지원해서 프로젝트 매니저 간의 공개경쟁을 통해 확보하는 방식이었다. 나는 주로 캐나다 정부 펀드(CIDA)와 영국 정부 펀드(DFID)에서 재원을 확보했다. 이 재원으로 프로젝트에 참여하는 세계은행 직원들과 외부 전문가의 인건비, 출장비, 프로젝트 수행비 등을 충당한다. 직접 프로젝트를 수행한 회원국만 해도 베트남, 몽골, 라오스, 방글라데시, 튀르키예, 그리스, 엘살바도르, 호주, 독일, 싱가포르 등 10개국이 넘었다.

세계은행에 가면서 내심 바라는 것이 하나 있었다. 계약 기간이 2년인데 만료 전에 세계은행으로부터 계약 연장을 요청받는 것이었다. 내가 한 일에 대한 평가와 인정을 받는 증거라고 생각했다. 1년쯤 지나 프로젝트를 하기 위해 한국으로 출장을 가게 됐다. 출발 며칠 전 상사가 부르더니 계약이 1년 남았지만 연장했으면 좋겠다는 요청을 했다. 이번에 한국에 가는 길에 정부와 논의해서 양해를 받았으면 좋겠다는 이야기였다. 짐짓 태연한 척했지만 무척 기뻤다. 업무에 대한 자신감이 더욱 생겼다.

사실 국제 업무를 오래 했다. 초임 사무관 시절부터 미국과의 쌍무 무역, 투자, 지적 소유권 협력 업무, 다자간 무역 협상 등을 담당했다. 과장 때는 해외 투자, 재정 협력 업무를 했다. 이런 해외 협력 경험 그리고 미시간대 유학을 통해 글로벌 감각을 키우게 됐다. 거기에 세계은행에서 책임자로 일하면서 경험과 실력을 한층 더 쌓게 됐다.

세계 각국을 상대로 프로젝트를 수행하면서 현장의 고위 경제 관료들을 만났고 다양한 분야의 전문가들과 토론하면서 문제 해결책을 찾았다. 그때 만나고 함께 일한 각국 전문가들과 네트워크를 유지하고 있다. 그리고 무엇보다 대한민국을 뛰어넘어 세계 경제의 흐름을 보고 글로벌 사고 방식을 갖게 됐다. 부처 국장실에 갇혀서는 얻지 못할 소중한 경험이었다. 또한 내 자신의 틀을 깨는 시도를 국제 무대에서 한 경험이기도 했다.

잔인한 이별

그렇게 간절하게 기도해보긴 처음이었다. 내 모든 것을 쏟아 기도했다. 기도가 이루어진다면 모든 것을 내려놔도 좋다고 생각했다. 재산도, 지위도, 심지어는 내 목숨까지도. 어떤 서원(誓願)도 하겠다고 했다. 기도가 응답된다면 무슨 일이든 하겠다고 했다.

큰아들은 워싱턴에 있는 미주개발은행(IDB)에서 근무하고 있었다. 대학원에서 국제관계를 공부한 스물다섯 청년이 전공과 적성에 맞는 직장을 잡아 이제 막 날개를 펴고 힘차게 날기 시작한 때였다. 장교 입대를 계획하고 있을 정도로 건장한 청년이었다. 정직하고 배려심이 깊어 많은 사람이 좋아했다. 맑은 청년이었다.

영화나 소설 속에서나 있을 법한 일이 큰아들과 우리 가족에게 벌어졌다. 몹쓸 병에 걸린 것이었다. 급성 림프구성 백혈병, 혈액암이었다. 마른하늘에 날벼락이었다. 힘든 투병 생활이 시작됐다. 입원과 퇴원을 반복했고 투병 기간 중 절반은 병원에 있어야 했다. 대부분의 입원 기간 동안 일반인 면회가 되지 않는 무균실에 들어가 있었고, 우리는 철저히 소독하고 마스크를 쓴 뒤에야 두꺼운 투명비닐 커튼이 쳐진 병상에서 큰아들을 만날 수 있었다. 아내는 내내 병실을 지켰다.

큰아이가 힘든 투병 생활을 하고 있을 때 나는 경제 관료로서 정점을 달리고 있었다. 처음 발병했을 때는 기획재정부 예산실장이었다. 두 해 예산을 편성한 뒤 기획재정부 차관으로 승진했고, 다시 1년 2개월 뒤에는 장관급인 국무조정실장으로 승진을 했다. 국정 전반을 조율하고 전 부처의 업무를 조정하는 자리였다.

항암 치료는 힘든 과정이었다. 문제가 있는 백혈구뿐 아니라 건강한 백혈구까지 죽이는 여러 차례의 항암 치료에 들어갔다. 항암 치료만으로는 되지 않아 결국 골수이식을 받기로 했다. 자가 골수이식과 타인 골수이식에서 모두 실패했고 재발했다. 골수이식은 고통스러운 과정이었고 큰아이는 많이 힘들어했다. 두 번의 골수이식에서 실패한 뒤 마지막으로 나의 골수를 이식하기로 했다. 어떻게 해서든 낫게 해주겠다고 약속을 했다. 왠지 내 골수를 이식하면 큰아이가 병을 이겨낼 수 있을 것 같은 생각이 들었다. 큰아이에게 아빠의 골수가 들어가면 병을 이길 수 있을 거라고 이야기했고 큰아이도 내심 희망을 갖는 눈치였다.

큰아이를 살려 달라는 내 간절한 기도는 결국 이루어지지 않았다. 2년 1개월이라는 시간을 병상에서 투병하던 큰 아이는 끝내 일어나지 못했다. 스물일곱 다섯 달 이틀째 날이었다.

하나님이 원망스러웠다. 하나님께서 혹시 잘생기고 농구 잘하는 착한 청년이 필요하셨다면 다른 좋은 후보들이 많을 텐데 왜 굳이 이 청년을 빨리 데려가셨는지 화도 났다. 이런 일이 왜 이 청년에게 그리고 우리 가족에게 생겼을까 생각하며 어디로 향하는지 모르는 분노도 치밀었다.

그러나 그보다 내게 화가 났다. 아이를 퍽 엄하게 키웠다. 공부, 정직, 예의, 약속 지키기, 규칙적 생활, 검약…. 많은 것을 요구했다. 어렸을 때는 혼을 내기도 하고 매를 든 적도 있었다. 이런 생각이었다. 자식을 사랑해서 할 수 있는 것을 다 해주고 싶지만, 내가 젊었을 때 경험했던 힘든 환경이나 어려움의 일단(一端)을 경험하게 해주는 것이 좋겠다고. 그런 과정을 통해 절제와 남에 대한 이해, 인간적 성숙이 몸에 밸 것이라고 믿으면서. 미국에서 대학원을 다닐 때는 생활비도 여유 있게 주지 않았다. 근검하게 사는 습관을 길렀으면 해서였다. 그런 내게 너무나도 화가 났다. 공부할 때 조금 더 나은 기숙 환경, 조금 더 좋은 음식을 먹었더라면 혹시 아프지 않았을 것은 아닐까 하는 생각을 하면 견딜 수가 없었다. 이런 일이 왜 이 착한 청년에게 그리고 우리 가족에게 생겼을까.

생각하면 할수록 엄하게 키운 나 자신에게 화가 났다. 그냥 백 퍼센트 믿고 하고 싶은 대로 하라고 해도 됐는데. 그냥 그 자체로도 아름다운 청년이었는데. 젊은 시절 그 나이 때의 나보다 훨씬 더 정직하고 착한 청년이었는데. 내가 무슨 잘난 게 있다고 그랬을까 자책했다. 엄하게 대하기보다는 더 자주 사랑한다고 말하고, 더 많이 안아주고, 더 많이 칭찬해주지 못한 내게 화가 났다.

전혀 다른 차원의 나에 대한 분노가 치밀어 올랐다. 너무 공부에 스트레스 받지 마라, 그만하면 됐다. 일류 대학 안 나오면 어떠냐, 성적 너무 신경 쓰지 마라. 네 착한 마음씨가 더 소중하구나. 눈에 보이는 것보다 보이지 않는 것들이 훨씬 소중한 게 많단다. 네가 하고 싶은 것을 찾아라. 네가 사랑하는 사람을 만나라. 이런 이야기들을 아껴둔 내가 너무 싫었다. 그때는 몰랐다. 이렇게 빠른 이별이 올 줄은. 이렇게 잔인한 이별이 기다리고 있을 줄은. 내가 너무 싫었다.

큰아들이 세상을 뜨고 얼마 안 돼서 대학동창들이 모

금운동을 시작했다. 큰아들이 다녔던 학교 교정에 큰아이를 기리는 기념벤치를 설치하자는 것이었다. 학교에서도 취지를 듣고 흔쾌히 허락해주었다. 다들 너무 고마웠다. 친구들이 모금해서 한 개, 우리 가족이 두 개, 모두 세 개의 벤치를 설치했다. 하나는 교정 가장 아름다운 정원 길가, 다른하나는 큰아이가 다녔던 학과 건물 입구, 그리고 다른 하나는 농구를 좋아하던 큰아이가 매일같이 다니던 체육관 입구, 그렇게 세 곳에 설치했다. 큰아들이 세상을 뜨고 1년 반쯤 뒤 아주대학교 총장으로 가게 됐다. 학생들에게 쏟은 애정과 열정 그리고 진심의 뒤안길에 그 나이의 큰아이 모습이 어른거리고 있는 것을 아는 사람은 아무도 없었다.

(위) 워싱턴대학 졸업식 날 아내가 찍어준 사진
(아래) 아들이 졸업한 모교 교정에 설치된 기념 벤치. 큰아이 동창들이
시작한 모금에 가족들도 참여했다.

3장
———
사회를 뒤집는 반란

우리는 모두 '사회의 틀'이라는 거대한 수용소에 갇힌 사람들이다. 사회를 움직이는 게임의 룰. 우리 사회의 인센티브 시스템. 기득권 카르텔. 그 수용소의 담을 깨고 싶었다. 그것은 '사회를 뒤집는 반란'이었다.

그 반란에는 성취도 컸다. 경제의 틀을 바꾸려는 시도. 경제 위기 극복에의 기여. 나라 살림의 운영. 권력에의 저항. 청년들을 위해 만든 기회들. 이런 성취는 비전, 실력 그리고 용기가 결부됐을 때 만들어진다는 것을 알았다. 좌절도 있었다. 야심차게 만든 국가 장기 발전 전략은 좌초했고, 경제수장으로 우리 경제의 패러다임을 바꾸는 것도 실패했다. 의욕은 넘쳤지만 끝내 이루지 못했다. 꿈은 컸지만 현실의 벽이 높았다. 그만큼 아쉬움도 분노도 컸다.

경제부총리를 그만두고는 전국을 다녔다. 우선은 사람 사는 모습을 보고 싶었다. 성찰도 하고 싶었다. 내가 한 일, 내가 하지 못한 일, 차고 넘치는 문제들을 풀지 못하는 이유. 그러면서 또 분노했다. 열심히 사는 국민들의 삶은 왜 이리 힘든가. 뭐가 잘못됐는가. 답은 무엇인가. 어떻게 해야 하는가. 해법을 담은 책을 쓰기도 했다. 뜨거운 분노를 올바로 분출시키고 싶었다. 절박감. 진정성. 제대로 된 해법. 실천에 옮길 일머리. 이런 것들을 갖고 반란을 일으키고 싶었다.

사회를 뒤집는 나의 반란은 여전히 진행 중이다.

노무현 대통령 묘소에 바친 비전 2030 보고서

비전 2030

    워싱턴 세계은행 근무가 3년 가까이 접어들고 있었다. 세계 최고의 전문가, 회원국 고위 관료, 세계은행 동료들과 소통하며 프로젝트를 만들고 수행하는 일이 재미도 있고 보람도 컸다. 그러던 어느 날 저녁, 퇴근 후 집 근처 체육관에서 운동을 하고 있는데 국제 전화가 걸려 왔다. 장관이었다.

    본부에 중요한 일을 할 국(局)을 신설하는데 바로 귀국해 국장을 맡아달라는 것이었다. 중·고등학교에 잘 다니는 두 아들. 일로 인정받고 있던 세계은행 생활. 안정된 워싱턴 생활. 모든 게 눈에 밟혔다. 그러나 장관의 통화는 지시이자 호출이었다. 한 달도 안 돼 급히 귀국했다. 2005년 늦은 여름이었다.

    기획예산처 전략기획관으로 발령받았다. 임무가 모호해서 상사였던 당시 변양균 장관(뒤에 청와대 정책실장), 변재진

실장(뒤에 보건복지부 장관)에게 물어봤다. 돌아온 답은 간단했다. "경제기획원 경제기획국의 부활이다." 역시 분명치 않았다. 알아서 큰일을 '만들어 하라'는 뜻으로 들렸다. 잘 됐다고 생각했다. 세계은행에서도 그랬고 맨땅에 헤딩하기는 내 전공이었다. 깊이 고민했다. 경제 운영 방향을 정하고 경제 현안에 대처하는 것은 재정경제부 경제정책국 소관이었다. 대한민국의 미래를 위해서 꼭 해야 할 일이지만, 몰라서 혹은 역량 부족으로 하지 못하는 일은 무엇인지, 재정경제부와의 차별화는 어떻게 해야 할지 깊이 고민했다.

고민 끝에 생각해낸 것이 '비전 2030' 작업이었다. 정부 내 어디서도 대한민국이 나아갈 방향, 장기 비전을 제시하는 곳이 없었다. 그때그때 필요할 때마다 급조된 정책을 내놓기는 하지만 일관되지 않았다. 무엇보다 구체적이지 않고 추상적이었다. 정권이 바뀔 때마다 선거 공약을 모아서 '국정과제'라는 이름으로 보고서가 나오지만, 그 내용을 합쳤을 때 지향하는 바가 무엇인지 알 수 없었다. 국정과제 간의 정합성(整合性)도 없었다. 여기에 착안해 국가 비전과 장기 발전 전략을 만들 계획을 세웠다. 시계(視界)는 한 세대인 25년 뒤를 보면서 2030년을 목표 연도로 잡았다. 여기서 '비전 2030'이란 작명이 나왔다. 한 걸음 더 나아가 장기 전략을 실천에 옮길 25년간의 재정 계획과 재원 조달 방안까지 만들기로 했다. 정부 수립 이래 이제까지 한 번도 해보지 않은 일이었다. 의욕이 넘쳤다. 처음 하는 일이어서 그랬고, 하기 힘든 일이어서 더욱 그랬다. 열정을 쏟았다.

늘 공직생활을 하는 이유에 대해 생각했다. 공직을 시작하고 10년 정도는 잘 몰랐다. 어렸을 때 겪은 가치 박탈에 대한 보상심리로 고시 공부를 하고 공무원이 됐을까. 국가와 사회를 위한 충성이란 말은 공허했다. 그러다가 '내 자신의 틀을 깨는 반란' 그리고 내가 하고 싶은 일을 찾는 시도들 끝에 그 답을 찾았다. 그것은 '사회 변화에 대한 기여'였다. '사회를 뒤집는 반란'이기도 했다. 비전 2030 작업을 하며 우리 사회를 바꾸는 유쾌한 반란을 담대하게 일으켜보자고 다짐했다.

내가 맡은 국은 신설 조직이어서 과장들도 신참이 많았다. 조규홍 과장(현 보건복지부 장관), 방기선 과장(현 국무조정실장) 등이었다. 우리 국 인원만으로는 불가능한 일이기도 했지만, 정부뿐 아니라 민간 전문가들의 협조가 필요했다. 연구소, 대학 등에서 박사, 교수 60여 명을 조직했다. KDI 우천식, 최경수, 김태종, 조병구, 이주호(현 교육부 장관) 박사, 대외경제연구원 윤덕룡 박사(현 경기도일자리재단 대표), 조세연구원 김정훈, 박형수 박사, 한양대 김창경 교수(뒤에 교육부 차관) 등 멤버가 꾸려졌다. 이들이 함께 6개월 이상 분야별로 '빡

세계' 토론했고 보고서를 만들었다. 당시 장관이 나를 높게 평가한 가장 큰 이유는 새로운 아이디어도 아이디어이지만, 바깥의 전문가까지 대거 포함하여 인재 풀을 넓게 구성하고 한 팀으로 시너지 효과를 내며 작업했기 때문이었다.

대한민국의 비전을 '복지국가'로 설정했다. 그러면서 '성장과 복지의 동반성장'을 주장했다. 당시만 해도 성장과 분배의 우선순위를 두고 논쟁을 벌일 때였다. 우선 성장의 파이를 키우자면서 분배와 복지는 뒷전으로 미룰 때였다. 복지는 생산적인 투자이고 지속가능한 성장을 위해 성장과 복지가 함께 가야 한다고 주장했다. 정부 보고서에서 처음으로 동반성장을 내세운 것이다.

비전 달성을 위해 두 가지 원칙을 제시했다. '선(先)투자'와 '제도 개혁'이었다. 선진국에 비해 훨씬 뒤떨어진 복지 지출과 고령화 진행 속도로 볼 때 사회복지 비용이 감당할 수 없을 정도로 커질 것이기 때문에 선제적으로 복지에 투자하자는 내용이 선투자였다. 그렇게 함으로써 중장기적으로는 복지 비용 규모를 적정 수준에서 관리할 수 있게 된다. 제도 개혁은 불합리한 경제, 사회, 교육제도와 시스템을 혁신적으로 바꿔 효율성을 높이자는 것이었다. 선투자는 '포용'을 의미했고 제도 개혁은 '혁신'을 뜻했다. 최근 들어 회자되는 혁신적 포용국가, 동반성장, 지속가능성 개념을 이미 20년 전 비전 2030 보고서에서 담았던 것이다. 내가 몸 담고 있는 민주당 강령도 여러 차례 개정을 거쳐 전문(前文)에서 '포용'과 '혁신'을 골자로 한 것을 보면 개인적으로도 감회가 새롭다.

이러한 목표를 달성하기 위해 다섯 개의 정책 축을 제시했다. 성장동력 확충, 인적자원 고도화, 사회복지 선진화, 능동적 세계화, 사회적 자본 확충이다. 그리고 이 다섯 축 밑에 시급하게 추진해야 할 50개의 정책을 제안했다. 성장 동력 확충은 대한민국 미래 먹거리를, 인적자원 고도화는 교육 개혁을 포함한 양적, 질적 사람 키우기를, 사회복지 선진화는 복지제도와 복지 지출의 확충을, 능동적 세계화는 글로벌 스탠다드와 해외 경제 영토 확충을 의미한다.

사회적 자본 확충은 당시로선 새로운 개념이었다. 정부 보고서에 처음으로 등장했다. 내가 넣자고 강하게 주장했다. 미국 유학 때부터 이 개념에 관심을 갖고, 선진국이 되기 위한 필수요소라고 확신했다. 사회구성원 사이에 신뢰, 투명성, 약속의 이행 등 눈에 보이지 않는 자본이 사회의 거래 비용을 낮추면서 효율성을 높인다는 것이다. 한국 사회에 학연, 지연 등 파벌이 사라지지 않는 이유도 사회구성원 간의 불신이 크기 때문이다. 아무리 양적인 성장을 해도 이런 문화 또는 자본이 사회적으로 축적되지 않는다면 선진국이 될 수 없다.

공직자로 내가 가장 열성을 쏟은 일을 하나 꼽으라면 나는 주저하지 않고 바로 이 비전 2030 작업이라고 이야기한다. 대한민국을 위한 나의 헌신과 공직자로서의 사명이 그대로 녹아있다. 내 고민과 열정, 내 삶에서 얻은 경험과 통찰 역시 고스란히 담았다. 어린 시절 판자촌에 살며 배운 어려운 사람들에 대한 공감, 국정 운영 전반에 여러 차례 참여하고 결정한 경험, 세계은행에서 얻은 글로벌 시각, 맨땅에 헤딩하면서 주도적으로 일을 만들어본 경험들이 모두 합쳐진 결과물이다.

노무현 대통령은 '비전 2030'을 보고받고 무척 흡족해했다. 재임 중 받은 보고 중에 최고라고 극찬하기도 했다. 노 대통령은 전체적인 흐름과 핵심을 정확하게 짚었고 전문적인 부분까지 꼼꼼하게 물었다. 특히 재정 계획과 재원 조달 방안이 함께 만들어진 것에 대해 감동했다.

2006년 8월, '비전 2030─함께 가는 희망 한국' 보고서가 공식 발표됐다. 그러나 정치권, 특히 당시 야당에서 '증세', '세금폭탄'이라는 프레임을 덧씌워 공격했다. 보고서에는 25년 계획 기간 중 10년까지 재정 조달 계획이 있었다. 그리고 10년 뒤부터는 재정 구조 개혁 또는 증세가 불가피하다며 그에 대한 논의에는 국민적 합의가 필요하다고 밝

했지만 무시됐다. 보고서가 담은 국가 비전은 철저하게 외면당했고 '좌파적 발상', '실현 불가능한 공허한 청사진'이라는 공격이 쏟아졌다. 정치인이나 학자 그 누구와라도 보고서 내용을 놓고 국민 앞에서 토론이라도 해보고 싶었다. 그러나 정치권에서는 보고서에 대한 그 어떤 진지한 토론도 거부했다. 결국 대한민국 최초의 장기 발전 전략은 제대로 된 논의도 못 해보고 폐기됐다. 정쟁과 진영논리를 넘지 못했다. 도대체 이해가 되지 않았다. 정치권이 내세우는 이념은 무엇이며 철학은 또 무엇인지 궁금했다. 억울하고 원망스러웠다.

비전 2030은 특정 이념이나 정파의 이해관계를 떠나 대한민국이 함께 추진할 비전이었다. 비전 2030은 좌초됐지만, 그 안에 담긴 내용들은 진보와 보수 정권을 막론하고 하나하나씩 추진이 되어왔다. 사회보장, 보육 서비스가 확대되고, 노인장기요양보험과 근로장려세제가 도입됐다. 공무원 등 직역연금 및 국민연금 개혁, 생애주기별 맞춤형 복지 사회보장이 이뤄졌으며 여러 국가와 FTA도 체결됐다. 20년이란 시간이 지나는 동안 복지국가, 포용과 혁신, 동반성장, 사회적 자본 등은 모든 정파를 떠나 이제 누구나 받아들이는 상식적인 개념이 됐다.

경기도지사에 당선된 후 김해 봉하마을을 찾았을 때 일

이다. 노무현 대통령 묘역을 참배하면서 비전 2030 보고서를 헌정했다. 감회가 새로웠다. 방명록에는 "사람 사는 세상의 꿈, 더 크게 이어가겠습니다"라고 적으며 비전 2030의 정신과 정책을 계승해서 추진하겠다고 다짐했다. 권양숙 여사를 뵙고 들은 말씀은 아직 귓전에 맴돈다.

"노무현 대통령이 꿈꾸던 정책이 좌절된 것이 많은데 그 중 중요한 하나가 비전 2030입니다. 비전 2030 때문에 김동연 지사가 다시 정부에 참여하시고 정치를 하게 되셨는데, 정치인의 삶은 '운명'인 것 같아요."

비전 2030은 대한민국이 복지국가로 가는 로드맵이었다. 개발연대 정부 주도의 발전 전략과 그 성공 경험을 깨는 시도였다. 우리 사회가 갖고 있는 구조적인 문제를 해결하고 급변하는 국제 흐름에 대응하기 위해 대한민국 경제의 패러다임을 바꾸는 전략이었다. 그리고 이 전략을 실천에 옮기기 위한 재정 계획까지 갖춘, '신(新) 경세유표"였다.

만약 이 보고서가 정쟁에 좌초되지 않고 실행에 옮겨졌

---

* 　경세유표(經世遺表) 조선의 실학자 다산 정약용이 나라의 모든 제도와 법규의 개혁을 논한 책이다.

다면 어땠을까. 제도혁신이나 선제적 투자에 대한 최소한의 사회적 합의 기반을 만들었더라면, 그래서 국가가 나아갈 전략을 만들었더라면 어떻게 됐을까. 지난 20년이란 세월을 허비하지 않고 우리 사회를 근본적으로 변화시키지 않았을까. 청년들의 좌절과 분노를 덜어주고 희망은 북돋는 나라에 한층 가까워지지 않았을까. 이런 내용의 비전을 다시 만들어 실천에 옮기는 것은 언제나 가능할까. 지금의 대한민국 정치판을 볼 때 과연 가능은 한 일일까.

사회적 자본 이야기

사회적 자본을 포함시키려는 내 주장에는 사실 개인적인 경험도 작용했다. 유학 초기에 있었던 일이다. 마트에서 식료품 쇼핑을 하며 다진 고기 한 팩을 샀는데 집에 와서 보니 두 팩으로 계산돼 있었다. 일주일 뒤 다시 마트에 갔다. 불쾌한 기분이 남아있어 불평을 했다. 내 말을 들은 종업원은 영수증을 달라고 하더니 고기 한 팩 값을 지우고 미안하다면서 환불을 해줬다. 정작 놀란 것은 나였다. 어떻게 내 말을 믿고 선뜻 돈을 내주었을까. 도저히 이해가 되지 않았다. 두 개를 사고 나중에 와서 한 개만 샀다고 떼를 쓸 수도 있겠다는 생각까지 들었다.

왜 돈을 돌려줬을까 오랫동안 생각했다. 두 가지 이유로 추론했다. 첫 번째는 '거래 비용의 최소화'였다. 내 말이 맞는지 확인하려면 비용이 들 것이다. CCTV를 설치하고 확인하든지, 아니면 내 신용이나 평판, 과거 기록을 조사해야 할 것이다. 모두 돈이 드는 일이다. 사회적 거래 비용(social transaction cost)이다. 그 비용을 들이느니 차라리 믿고 거래하는 것이다. 대신 사회적으로 그런 신뢰를 배반하는 사람에게 엄한 응징이 따르는 시스템을 구축한다. 두 번째는 그 마트와 나는 한 번에 끝나는 게임을 하는 것이 아닌 연속게임을 하는 관계라는 이유였다. 게임이론*에 따르면 단발게임인 경우 단기간 자기 이익 극대화가 목적이다. 이 경우 상대의 신뢰를 배반할 수 있다. 그러나 연속게임이라면 게임 전략이 달라진다. 상대와 협조하는 것이 자기의 이익을 극대화하는 경우가 많다. 그 마트는 인근 주민이라는 고정 고객을 상대로 연속게임을 한다고 생각했을 것이다. 단발게임이냐, 연속게임이냐에 따라 환불 규칙은 달라질 수밖에 없다.

사회적 자본을 강조하면서 어떻게 하면 사회구성원 간의 신뢰를 쌓고, 어떻게 하면 경제주체들 간의 관계를 단발이 아닌 연속게임 구조로 만들 것인가 고민했다. 비전 2030 보고서 초안을 만든 뒤, 국장 이상 간부들을 모아놓고 내가 브리핑을 했다. 아무도 '사회적 자본' 개념을 이해하지 못했다. 다들 도로, 철도, 항만과 같은 '사회간접자본(SOC)'으로 이해했다. 지금은 누구나 아는 개념이 됐지만 그때는 그랬다. 사회적 자본을 두 번째로 설명할 때 한 명의 간부가 이해했다. 장관이었다. 그 뒤 변양균 장관은 사회적 자본 축적의 신봉자가 됐다.

---

* **게임이론** 여러 주체가 경쟁하거나 협력하는 상황에서 각자의 선택이 결과에 어떤 영향을 미치는지 분석하는 이론.

귀양살이

예산실 경제예산국장(당시 명칭은 산업재정단장)으로 자리를 옮겼다. 경제예산국장은 모든 경제 관련 예산 편성 및 집행을 지휘하는 자리다. 정부 예산의 절반 이상을 관장하기 때문에 중요한 보직이다. 예산 편성과 예산안 국회 통과까지 잘 마무리했다. 공무원 경력 트랙으로 볼 때 나는 한창 잘 나가고 있었다.

예산이 잘 마무리되고 해가 바뀐 2007년 초 어느 날 차관이 찾았다. 업무 이야기를 하는데 뭔가 내게 달리 할 말이 있는 것 같았다. 다른 이야기로 계속 변죽을 울리다가 본론이 나왔다. 요지는 '김 국장이 교육을 갔으면 좋겠다'는 것이었다. 말이 되지 않는 이야기였다. 보통 국장급 교육은 과장에서 막 승진한 사람이 가는 트랙이었다. 본부에서 요직 국장을 두 번이나 거친 나에게 교육을 가라고 하는 것은 전례가 없는 일이었다. 명백한 좌천이자 유배였다. 그걸 잘 아는 차관이다보니 내 얼굴을 똑바로 보지 않고 시선을 피하면서 이야기했다.

잠시 침묵이 흘렀다. 나는 "네, 가겠습니다"라고 대답했다. 오히려 차관이 깜짝 놀라는 표정이었다. '내가 왜 교육을 가야 하느냐?'고 따지거나 아니면 '고민해 보겠다'는 답이 나올 줄 알았을 것이다. 나는 짧은 침묵의 시간에 이렇게 생각했다. '차관이 이야기하지만 결국 장관의 뜻일 테고, 장관은 간부들을 장기판의 말(馬)처럼 쓰는 사람이다. 말을 쓰지 않겠다고 장관이 결정을 내린 이상 내가 안 가겠다고 한들 무슨 소용이 있겠는가.' 더 깊은 속에서는 '구차하게 버티지 말자, 치사한 모습 보이지 말자, 깨끗하게 가자'는 생각이 들었다. 그때 장관은 비전 2030 작업을 한 나를 높이 평가하던 분이 아닌 다른 분이었다.

해외 직무훈련을 가는 것으로 가닥이 잡혔다. 해외로 나가는 직무훈련은 상대 기관 접촉, 협상 등으로 보통 6개월 남짓 걸린다. 바로 전에 근무했던 세계은행과 교환교수를 했던 존스홉킨스대학에 연락을 취했다. 며칠 만에 초청장을 받았고, 직무훈련 이야기 나온 뒤 한 달 정도 뒤에 바로 출국했다. 놀라운 스피드였다. 세계은행에 연락해 사정을 설명하고 초청장을 보내 달라고 했더니 "네가 여기 와서 다른 사람을 교육시켜야지, 무슨 교육을 받느냐"고 웃기까지 했다.

전략기획관을 하면서 비전 2030 작업뿐 아니라 대통령에 대한 보고도 우리 국에서 도맡았다. 그 다음 해 경제 예산 편성과 국회 심의도 잘 마쳤다. 연말에 훈장 받을 사람을 정할 때마다, 일로 봐서는 내가 받아야 하지만 높은 고시 기수 중 못 받은 간부가 받게 하자고 했다. 흔쾌히 양보했다. 공무원이 된 뒤 그 흔한 장관 표창이나 예비군 표창도 받아본 적이 없었다. 그때까지 유일하게 받은 상은 세계은행 근무할 때 우수한 직원에게 총재가 현금으로 주는 상이다였다. '김동연 국장은 이제 끝났구나'라고 볼 수밖에 없는 인사였다. 함께 일하던 과장들은 항의하는 연판장 쓰겠다고 했다. 4킬로미터 트랙 경주를 하고 있는데 한 2킬로미터쯤 지나서 제일 선두에 뛰고 있는 선수를 감독이 내려오라고 한 것에 비유하기도 했다. 다 말렸다. 속은 쓰렸지만 일절 내색하지 않았다.

따지고 보면 나는 늘 변방이자 아웃사이더였다. 명문대 출신도 아니었고 예산의 주력이었던 영남 라인, 기획의 주력이었던 호남 라인도 아니었다. 일로는 능력과 성과를 보여줬지만 소위 주류(main stream)에 속한 적이 한 번도 없었다. 보이지 않는 따돌림도 늘 느꼈다. 자기들끼리는 형, 동생, 선배, 후배라고 부를 때 나는 그런 호칭으로 불린 적도,

불러본 적도 없었다. 외롭기도 했다. 기수보다 늘 빨리 승진한 것도, 비교적 좋은 보직을 차지한 것도 달갑지 않게 느끼는 사람이 있었다.

비전 2030 작업을 못마땅하게 보는 시각도 있었다. 기획예산처에서 다루는 재정과 예산은 1년 단위의 일이다. 가장 긴 시계의 일이라고 해봤자 5년짜리 재정 운영 계획이었고, 그나마도 크게 신경을 쓰는 작업이 아니었다. 그런데 한 세대 앞을 보는 비전을 만들고 정치권의 풍파를 일으킨 것을 고깝게 보는 간부들도 있었다. 노무현 대통령의 갈증을 잘 아는 당시 장관이 비전 2030 작업을 높이 평가해서 받쳐줬지만, 그 장관이 떠난 뒤 별 쓸데없는 일을 한 것으로 치부될 수도 있었다. 실제로 차관이 "기획예산처에서 쓸데없는 짓을 한다"고 내게 힐난 조로 이야기한 적도 있었다. 바로 그 차관이 장관으로 승진해 있었다.

억울하고 화가 났다. 분하기도 했다. 마치 컴퓨터에서 중요한 보고서를 쓰다가 갑자기 파일이 통째로 날아간 것 같았다. 마음을 억지로 추스르고 다독였다. 비행기에 몸을 실으면서 새로 시작하자고 마음먹었다. 전화위복의 기회로 만들자고 다짐했다. '주어지는 기회는 없다. 만든 기회만 있을 뿐'이라고 생각했다. 다시 간 워싱턴에서는 시내인 듀퐁 서클에 있는 존스홉킨스대학 국제대학원 연구실에 주로 있었다. 비전 2030을 좌초시킨, 정치권이 주장하는 이념, 철학, 가치에 대해 연구해보고 싶었다. 도대체 진보와 보수를 나누는 기준은 무엇일까. 이들이 추구하는 가치와 철학은 무엇일까. 민주주의와 자본주의의 역사에 있어서 나라별로 보수와 진보의 역할은 무엇일까.

우선 비전 2030의 좌초에 대해 깊이 생각했다. 그야말로 정쟁(政爭) 때문이었다. 그게 우리 정치의 수준이었다. 내용을 이해도 하지 못하면서, 아니 이해를 하려고 하지도 않으면서 반대를 위한 반대를 했다. 거꾸로도 마찬가지였다. 막상 어떤 정책을 추진한다고 해도 내용에 앞서 철학이 부재했고 엉성한 이해로 강한 추진력을 갖추지 못했다. 무엇보다 소통 능력이 부족했다. 그런 시각으로 보니, 보수는 엉터리 보수였다. 시장주의를 고집하면서 시장만능주의로 간다. 진보도 뿌리가 약했다. 시장만능주의를 깨자면서 시장의 원리까지 깨는 우를 범하곤 한다. 비전 2030과 같은 일을 하려면 확고한 방향성, 밀어붙이는 힘, 소통 능력이 필요하다고 절실하게 느꼈다.

한국의 자본주의와 시장경제에 대해서도 깊이 생각했다. 자본주의는 역사적으로 위기 때마다 얼굴을 바꾸며 불완전한 시스템을 보완해 왔다. 자유방임 자본주의에서 수정자본주의로, 다시 신자유주의로. 한국의 자본주의는 국가주도 개발연대의 틀에서 벗어나지 못한 상태에서 이런 여러 형태의 자본주의들의 짬뽕이 되어 버렸다. 가치도 철학도 부재하거나 얕다. 한국의 자본주의는 역사의 흐름 속에서 어디에 와 있고 앞으로 어떻게 끌고 가야 할 것인가. 미국식 자본주의, 독일식 사회적 시장경제, 그밖에 과거 또는 현재 존재하는 다양한 형태의 시장경제와 자본주의들 속에서 그 답을 찾자고 마음먹었다.

공직에 대해서도 생각했다. 사회를 뒤집는 반란을 일으키고 싶었다. 어떤 정책과 무슨 방법을 통해 이것이 가능할까 늘 고심했다. 정책이 나무라면 그 나무가 뿌리를 박고 있는 토양은 가치와 철학이다. 나무만 보는 공직자의 기능성, 기술성, 전문성을 뛰어넘자. 뿌리인 가치와 철학을 탄탄하게 갖추고 그 위에 나무를 심자. 제대로 된 철학과 자기중심 위에 정책의 나무를 세우자. 그리고 일이 되게끔 만들기 위해 소통 능력을 키우자. 실제로 10개월여 워싱턴에 있는 기간이 내게는 전화위복이 되었다. 현직에 있으면 생각하지 못할 문제들을 놓고 깊게 고민했다. 그 고민들이 나를 바꿨고 워싱턴 '유배' 이후의 나를 만들었다.

직무훈련은 보통 여유롭게 보내는 기간이다. 그러나 바쁘게 지냈다. 세계은행과 미주개발은행은 자주 나를 초청해 여러 프로젝트의 자문을 구했다. 미주개발은행 초청으로 아르헨티나를 방문해 재무부 고위 관료들을 상대로 프로젝트를 진행하기도 했고 존스홉킨스대학에서는 몇 차례 특강도 했다. 그러던 중 직무훈련 마치기 세 달 전 본부에서 연락이 왔다. 빨리 귀국하라는 것이었다.

대통령 선거를 앞두고 있었다. 귀국해서 새 정부의 정책 방향에 대한 부처의 대응을 맡아달라는 주문이었다. 정해진 임기나 근무 기간을 단축해 들어오라는 것은 운명이다 싶었다. 다시 한번 계획보다 이르게 귀국 비행기를 타게 됐다.

곳간을 열 때, 곳간을 채울 때

지금 생각해도 참 풀리지 않는 미스터리다. 본부 국장으로 돌아온 지 불과 한 달 만에 느닷없이 대통령직인수위원회에 가게 됐다. 이명박 대통령 당선자 측과는 그 어떤 인연도 친분도 없었기 때문에 모두 의아해했다. 많은 이들이 어떻게든 인수위에 들어가려고 인맥을 다 동원할 때였다. 오죽하면 몇 가지 가설이 떠돌았다. 첫 번째 가설은 인수위에서 국회 상임위, 국정원, 경찰 등 여러 곳에 평판 조회를 했는데, 우리 부처에서는 내가 만장일치로 올라갔다는 설이었다. 다른 가설은 당선자 측에서 후보자들 인적 사항을 쭉 놓고 보는데 대부분이 KS(경기고-서울대) 출신인데 내 이력서가 굉장히 특이해서 뽑았다는 후일담이었다. 인수위 두 달을 마치고 청와대 경제금융비서관으로 발탁됐다. 역시 대단히 의외의 인사였다.

청와대 경제금융비서관과 기획재정부 예산실장은 둘

다 1급 자리로 경제 관료들이 가장 가고 싶어 하는 자리다. 경제금융비서관은 우리 경제 전반을 관장하고 대통령을 보좌하며 중요한 의사결정을 주도한다. 거시경제, 재정, 조세, 국제, 금융, 공정거래 등 모든 경제 현안을 꿰뚫어야 한다. 예산실장은 나라 살림살이를 책임진다. 정부 예산 편성과 집행을 관장한다. 둘 중에 어떤 자리든 임기를 마치면 대부분 바로 차관으로 승진한다. 따라서 한 사람이 두 자리를 다 경험하는 것은 거의 불가능하다. 유일하게 내가 두 자리를 다 거쳤다.

2008년 글로벌 금융위기 때 나는 바로 그 청와대 경제금융비서관이었다. 눈코 뜰 새 없이 바빴고 주말이 없었다. 9월 추석 연휴 때 모처럼 쉬게 되어 가족과 함께 영화를 보러 갔다. 삼성동 메가박스, 영화는 〈아바타〉였다. 영화 보는 도중 업무용 휴대폰으로 계속 전화가 왔다. 금융을 총괄하던 서태종 선임행정관(뒤에 금융연수원장)이었다. 가족과 같이 있는 시간을 방해받고 싶지 않아 받지 않았다. 다시 내 개인 휴대폰으로 계속 전화가 왔다. 사태가 심상치 않다고 느끼고 밖에 나가 전화를 받았다. 통화 내용은 며칠 내로 리먼 브라더스가 파산할 것 같다는 내용이었다. 가슴이 철렁했다. 아내에게 급한 일로 사무실로 가야겠다고 문자를 보내고 급히 청와대로 들어갔다.

당시 외환은행 매각 건으로 홍콩 등 국제금융계와 정보를 주고받고 있었는데 그 낌새를 미리 알게 된 것이었다. 며칠 후 리먼 브라더스가 진짜 파산했다. 그리고 우려했던 대로 미국 서브프라임 모기지 사태에서 비롯된 국제금융위기의 파도도 밀려왔다. 그 이후는 그야말로 전쟁이었다. 처절한 사투가 벌어졌다. 국가 부도가 걱정됐다. 이미 11년 전 IMF 외환위기를 겪었던 터라 자다가도 벌떡벌떡 일어나기 일쑤였다.

당장 대규모 자본 유출, 주가 폭락과 환율 급등으로 우리 경제가 직격탄을 맞았다. 세 달 동안 무려 462억 달러가 국외로 유출되면서 심각한 외화 유동성 부족이 생겼다. 코스피 지수가 1,000 이하로 떨어지고 원-달러 환율은 1,570원까지 폭등했다. 금융시장의 충격은 실물시장으로 옮겨져 이미 조선, 건설, 해운산업에까지 미쳤다. 만약 금융위기가 실물경제 전반으로 확대되고 금융 시스템까지 영향을 미치면 정말 돌이킬 수 없는 상황에 이를 것이었다.

할 수 있는 모든 정책 수단을 동원했다. 우선 대규모 확장재정으로 금융시장, 실물시장의 위기와 경기침체를 막았다. 두 번에 걸친 추경예산, 한 번의 수정예산을 편성했다. 수정예산안 제출은 근 30년 만의 일이었다. 첫 번째 추경예산을 준비 중일 때 이용걸 기재부 예산실장(뒤에 기획재정부 차관)에게서 연락이 왔다. 서로 편하게 속 이야기를 주고받는 사이였다. 이 실장은 추경 규모를 5조 원 정도 생각하고 있다며 내 의견을 물었다. 나는 단호하게 이야기했다. "시장의 기대를 깨야 한다. 예상하는 것보다 더 해야 한다. 반드시 두 자릿수를 넘겨야 한다." 기획재정부가 그렇게 하지 않으면 대통령에게 보고해서라도 규모를 반드시 늘릴 작정이었다. 결국 11조 원 규모의 추경예산을 편성했다.

기준금리를 6차례에 걸쳐 인하했다. 그중 한 번은 대한민국 사상 최초로 1% 포인트(100bp) 금리 인하였다. 금리 결정은 금융통화위원회의 결정 사항이다. 원래 기재부와 한국은행은 전통적으로 사이가 안 좋은 편이다. 그렇지만 청와대 비서관으로 있으면서 한은과 원활히 소통을 했다. 늘 한은을 존중하고, 지시가 아니라 상의와 협의를 했다. 좋은 의견이 있으면 수용했다. 같은 결론을 내더라도 지시하는 것과 협의하는 것은 완전히 다르다. 상대방을 존중하면서 얼마든지 원하는 결론을 이끌어낼 수 있다.

어느 날 밤 서별관*회의가 열렸다. 서별관회의는 경제 관련 사전 의견 조율을 위한 비공식 최고위급 회의였다. 회의 참석자는 언제나처럼 기재부 장관, 한은 총재, 경제수석

---

* 서별관 청와대 본관 서쪽 바깥 경계에 있는 건물이다.

이었다. 안건에 대한 결론을 내지 못하고 마쳤다. 당시 이성태 한은 총재와 함께 참석한 이주열 부총재보(뒤에 한은 총재)에게 따로 이야기를 나누자고 했다. 서별관 정원에서 자정 넘어까지 선 채로 대화를 나눴다. 다음 주 금통위 전망을 물었다. '기준금리 0.5% 포인트 인하가 될 것 같다'는 답이었다. 나는 그 정도는 시장에서 모두 예상하는 수준인데 그 기대를 크게 깨야 한다고 말했다. 이 부총재보는 내 의견을 물었고 나는 1% 포인트 인하 의견을 제시했다. 부총재보는 깜짝 놀라는 표정이었다. 이어 목요일 정기적으로 열리는 금통위를 당겨서 여는 것을 제안했다. 이 부총재보는 총재와 다른 위원들과 협의해보겠다고 했다. 결국 월요일 주식시장이 개장하기 전인 오전 8시에 금통위가 열렸고, 기준금리를 1% 포인트 인하했다. 시장이 깜짝 놀랄 조치였다. 정부와 통화당국의 의지 그리고 과감한 조치를 환영했고, 결과적으로 시장 안정에 큰 도움이 되었다.

미국과의 통화스와프 계약도 외환시장에는 큰 호재였다. 기획재정부와 한은의 노력으로 어렵게 체결됐다. 다만 옥의 티는 기획재정부 강만수 장관과 이성태 한국은행 총재가 이 결정을 각자 따로 발표하겠다는 것이었다. 고생해서 좋은 결과를 냈으니 그러고 싶었으리라 이해는 됐지만 볼썽사나운 일이었다. 이 부총재보와 자정 넘도록 장관과 총재가 함께 발표토록 하자고 설득했지만, 두 분은 끝까지 고집을 꺾지 않았다. 결국 따로 발표하는 모습이 나왔다. 이 일은 내게 큰 교훈이 됐다.

9년 뒤 2017년 경제부총리를 할 때 중국과의 통화스와프 연장이 큰 이슈였다. 당시 북한이 미사일을 쏘고 핵실험을 하면서 지정학적 리스크가 클 때였다. 다들 연장이 안 될 것이고 우리 경제에 미치는 영향이 클 거라 걱정했다. 우리는 비공식적으로 중국 측과 협상 중이었고 결국 연장하는 것으로 타결했다. 그리고 IMF 연례총회가 열리는 워싱턴의 IMF 로비에서 이주열 한국은행 총재와 내가 함께 서서 통화스와프 연장을 발표했다. 그 뒤 열린 국회 기획재정위원회에 한은 총재와 함께 참석한 적이 있다. 여·야 할 것 없이 내게 큰일을 했다면서 치하했다. 나는 기획재정부 혼자 한 일이 아니고 한은 총재와 직원들이 정말 고생해서 함께 한 일이라고 했다. 그제야 의원들이 총재를 치하했다. 뒤에 배석한 한은 간부들도 진심으로 내게 고마워했다.

글로벌 금융위기 당시 내 주재로 기재부 차관보, 금융위 부위원장, 한은 부총재보, 금감원 수석부원장 회의를 매주 열어 신속하고 단호하게 의사결정을 했다. 세 가지 원칙을 세웠다. 신속, 충분, 과감 세 가지였다. 과감한 의사결정을 신속하게 내리고, 필요한 정도보다 더 쓰자는 것이었다.

청와대 내에서는 경제수석실이 시달렸다. 주식시장, 외환시장, 실물시장이 이렇게 어려운데 무슨 수라도 쓰라는 압력을 받았다. 이해는 됐다. 수석은 8명인데, 경제수석 빼고 7명은 비경제수석이다. 특히 정무 쪽에서 보면 기관을 동원해 주식을 사들인다든지, 보유 외환을 동원해서라도 주가와 환율을 받쳐줘야 한다고 생각할 것이었다.

그 시기에 경제수석이 대통령 중국 순방에 동행해서 비서실장 주재 수석회의엔 선임비서관인 내가 참석했다. 그날은 주가가 폭락해서 코스피 지수 1,000을 위협하는 수준이었다. 모든 수석들은 주가를 떠받쳐야 한다고 나를 압박했다. 나는 단호하게 이야기했다. "내일은 아마도 주가 1,000이 깨질 겁니다. 지금은 백약이 무효입니다. 바닥까지 내려가야 합니다. 죄송하지만 피를 봐야 합니다." 비서실장과 다른 수석들은 경악했지만 나는 고집을 굽히지 않았다. 그때 개입을 하면 일시적으로 버틸지는 몰라도 길게 갈 수가 없었다. 부작용과 왜곡만 일으킬 것이 뻔했다.

정책은 타이밍이다. 적시에 할 수 있는 모든 정책을 동원한 결과 결국 OECD 국가 중에서도 가장 빨리 위기를 극복했다. 미국 경제가 2008년 -0.3%, 2009년 -4.2% 등 2년 연속 마이너스 성장률을 기록하고 2009년 세계 경제도 국제통화기금 기준 -0.1%의 경기침체에 빠졌지만, 한국은

2009년 0.8% 성장률로 선방할 수 있었다. 이후 2010년에는 7.0%로 반등했다. 세계가 인정하는 가장 빠른 위기 극복이었다.

그 뒤 청와대 국정과제비서관을 거쳐 기획재정부 예산실장으로 자리를 옮겼다. 차관으로 승진 이야기가 있었지만, 고시 기수 등을 감안해 수평 이동하겠다며 사양했다. 개인적으로는 나라 살림을 책임지는 자리에서 일하고 싶은 마음도 컸다. 예산실장으로 가서는 두 가지에 특히 중점을 뒀다. 첫째는 '건전재정'이었다. 글로벌 금융위기 극복을 위해 엄청나게 돈을 풀었다. 확대재정과 통화정책을 통해서다. 나는 '수년 뒤 돈이 둥둥 떠다닐 것'이라고 이야기하며 인플레를 걱정했다. 위기가 어느 정도 극복된 뒤여서 이제는 풀린 돈을 거둬들여야 할 때라고 생각했다. 나라가 곳간을 열어야 할 때가 있다. 첫째는 위기 때, 둘째는 민간이 하지 못하는 과감한 투자를 해야 할 때이다. 나라가 다시 곳간을 채워야 할 때가 있다. 돈을 풀고 나서 어느 정도 목적이 달성됐을 때이다. 두 해 예산 편성을 하며 지출 증가율을 억제했다.

윤석열 정부는 취임하자마자 60조 원에 가까운 추경을 편성하고는 그 후 건전재정을 줄기차게 주장했다. 재정정책에 불변의 정답은 없다. 확대재정, 긴축재정, 건전재정은 국가 경제가 처한 상황에 맞추어 정하는 것이다. 물론 장기적으로는 건전재정 기조를 견지하면서 말이다. 돈을 써야 할 때 안 쓰거나, 돈을 거둬들여야 할 때 돈을 쓰면 경제는 엉망이 되게 마련이다. 윤석열 정부는 완벽하게 거꾸로 갔다. 경제와 민생이 어려운데 말이 건전재정이지 경상성장률을 밑도는 긴축재정을 했다. 역주행도 그런 역주행이 없었다. R&D, 기후변화 대응, 지역화폐 등의 예산을 삭감하고 취약계층 보호와 미래 먹거리에 대한 투자를 줄였다. 내가 윤석열 정부는 '재정정책의 기본도 모른다'고 강하게 비판한 이유다.

둘째는 '예산의 색깔'을 강조했다. 국가 비전과 예산을 연계하는 것이다. 국가가 나아갈 방향을 예산으로 뒷받침해주는 것이다. 세계은행에서부터 내가 했던 일이기도 했다. 비전 2030 작업을 하면서 비전 수립과 함께 재정 계획을 짠 것도 같은 맥락이다. 예산실은 그냥 기능적으로 돈을 분배하는 곳이 아니다. 복지국가를 만들기 위한 복지예산을 늘리고, 사회적 이동성을 높이기 위한 교육희망 사다리 사업 패키지에 재원을 투입한 것 등은 이런 취지에서 한 것이다.

국회 예산 심의 과정에서도 뚝심 있게 밀어붙였다. 당시 여당이던 한나라당 예결위 간사는 기획재정부 출신인 이

종구 의원이었다. 이 의원은 예산 경험이 없는 분이어서 당시 예결위원 중 예산통인 김광림 의원과 함께 나를 만났다. 예년까지 각 당에 조(兆) 단위 이상 예산을 주면 당 안에서 나눠 배분했다면서 재원을 내놓으라고 했다. 나는 "절대 못한다"고 했다. 김 의원은 "아니 김 실장, 그 동안의 예산실 전통을 깨겠다는 말이야?"라고 큰소리를 냈다. "의원님, 그거 전통 아닙니다. 최근 몇 년 동안 누가 그렇게 했는지 몰라도 저는 못 합니다. 그게 전통이라면 제가 그 전통을 깨겠습니다. 나를 밟고 가면 몰라도 나는 못 합니다." 이야기는 거기서 끝났다. 내가 워낙 단호했기 때문이다.

사실 나는 속으로 정치권의 잘못된 관행에 굴하지 않고 소신껏 예산 심의를 마친 뒤 사표 낼 생각까지 하고 있었다. 정말 그러고 싶었다. 이제까지 예산실장 거친 선배 중에 차관이나 차관급으로 승진하지 않은 분이 없다시피 했지만 나는 승진하지 않고 옷을 벗어도 좋다고 생각했다.

일명 '쪽지예산'도 소신 있게 처리했다. 국회의원들 지역구 사업 민원이다. 당시에는 쪽지가 3천 개쯤 온다고 했다. 이것도 정치적으로 해결할 사안이 아니라고 생각했다. 국회에서 예산실 간부들을 모아놓고 쪽지예산에 대한 간이 심사를 했다. 담당 국, 과장 의견을 듣고 예산 기준에 맞는 것인지, 얼마나 시급한 건지, 다른 예산 사업과의 형평은 맞느지 등을 듣고 투명하고 신속하게 결정했다. 국회에서 예산 심의 중이어서 늦은 밤까지 일정을 마친 후 매일 밤을 새우다시피 하며 심사 회의를 진행했다. 비공개 방에서 했는데 어떻게든 알아내고 찾아와서 고함을 지른 의원도 있었다. 소신껏 하고 예산 통과시킨 후에 사표를 쓰겠다는 마음까지 먹은 뒤라 겁날 것도 없었다.

경제금융비서관을 하면서 우리 경제정책 전반을 관장하고, 특히 예산실장으로 예산 편성과 집행을 책임지며 나라 살림을 맡았던 것은 귀한 경험이었다. 그런 점에서 나는 복 받은 경제 관료다. 이때의 소중한 경험과 교훈들이 훗날 경제부총리가 돼서 쓰이게 될 줄은 나도, 주위에서도 짐작하지 못했다.

금기깨기

늘 반란을 일으키고 싶었다. 청년기 때부터 그랬다. 처음에는 나를 둘러싼 환경을 뒤집고 싶었다. '환경을 깨는 반란'이다. 그 다음으로는 오랫동안 형성된 나 자신의 틀을 깨고 싶었다. '나 자신의 틀을 깨는 반란'이다. 그러고는 잘못된 사회의 구조나 관행을 바꾸고 싶었다. '사회를 뒤집는 반란'이다.

예산실장으로 있으면서 '유쾌한 반란'이라는 말을 처음 썼다. 내가 만든 말이다. 반란은 무엇인가를 뒤집는 뜻이다. 공직사회의 관행과 타성을 뒤집고 싶었다. 고위 공직자로 '반란'이라는 말을 쓰는 것이 부담스러워 앞에 '유쾌한'이라는 수식어를 붙였다. '유쾌한'은 '내가 하고 싶어서 하는'이란 의미였다. 결국 내가 하고 싶어서 하는 것, 내 마음에 들지 않는 것 뒤집기가 된다.

예산실장은 힘이 센 자리다. 누구나 예산실에 와서는 아쉬운 소리를 한다. 중앙부처나 지방정부, 공공기관에 대해 예산실은 대체로 갑(甲)이 된다. 청와대나 국회로부터도 비교적 간섭을 덜 받는 편이다. 워낙 예산 사업들이 많고 전문적이기 때문이다. 자연스럽게 자신들의 성(城)이 만들어진다. 일종의 기득권이다. 그 성을 깨는 것을 늘 고민했다. 예를 들어 '찾아가는 예산실'이 그것이었다. 부처를 찾아가 예산 협의를 하는 방식을 도입했다. 예산이 큰 부처 10곳 정도에 직접 찾아갔다. 국방부를 찾아갔을 때 장관 이하 전 간부들과 예산을 협의했다. 한 간부가 이야기했다. "예산실장은 머리에 뿔 달린 사람인 줄 알았는데 직접 보니 멀쩡한 사람이네요." 한바탕 웃음이 터져 나왔다.

그렇게 두 해 예산을 편성하고 기획재정부 2차관으로 승진했다. 그해 총선을 앞두고 각 당은 선심성 복지 공약을 쏟아냈다. 무상복지 논쟁이 정치권을 달구던 때였다. 기초수급 부양의무자 기준의 단계적 폐지, 소득 하위 70% 계층에게 반값 등록금 지급, 사병 봉급 인상 등이었다. 예산이 감당할 수 없는 수준이었고 복지에 대한 비전이나 중장기 계획도 없었다. 우리가 지향하는 방향이 북유럽식이냐, 유럽식 사회보험 위주냐, 바닥에 최소한으로 깔아주기만 하는 미국식이냐 같은 기본적인 고민도 없었다.

사실 나는 여기에 대한 고민을 이미 비전 2030 작업에서 치열하게 했다. 당시, 지금은 미국식이지만 10여 년 뒤에는 사회보험 위주로 갈 것이고 바람직하게는 사회 서비스에 중점을 두는 방향으로 가야 한다고 주장했었다. 두 당의 주장은 표를 얻기 위한 포퓰리즘 성격이 강했다. 오해하지 않았으면 좋겠다. 지금으로부터 13년 전의 일이다. 그동안 쌓아올린 복지 철학과 발전한 복지 프로그램, 그때와는 수준이 다른 지금 기준으로 그때의 상황을 보면 오도(誤導)되기 쉽다. 그때 복지 공약은 그냥 내지르는 수준이었다. 실현 가능성이 없는 공약은 선거 후 유야무야될 것이 뻔했다.

양당의 복지 공약을 분석하고 재원 조달의 현실성을 따져보는 '복지 태스크포스(복지TF)'를 만들었다. 양당의 복지 공약을 전부 검토하라고 지시했다. 총선을 앞두고 민감한 사항이었다. 예산실에서 이 일을 맡기 부담스러워해서 정책조정국에 맡겼다. 당시 국장은 홍남기(뒤에 경제부총리), 총괄과장은 김완섭(현 환경부장관)이었다. 각 당의 공약 내용이 부실한 것이 많아 소요 재원 산정에 애를 먹었다. 개별 공약별로 그동안 각 당이 주장한 내용을 전부 분석해서 가장 적게 들 금액과 가장 많이 들 금액의 범위(range)를 정하고 산정했다. "A란 공약에 최소 얼마, 최대 얼마 들 것이다"라는 식이었다. 홍남기 국장은 추진력 있게 일을 밀고 나갔다. 그래도 나중에 정치적으로 부담이 될 것이 뻔했다. 우선 당장 국회 상임위에서부터 시달릴 것이었다. 복지TF에 참가한 국·과장들에게 지침을 주었다. "나중에 국회에서 질문이 나오면 실무자들은 이 작업을 모두 반대했는데 차관이 지시해서 어쩔 수 없이 했다고 해라." 이렇게 분석해서 양당의 복지 공약에 소요될 예산을 전부 뽑았다.

결과는 예상대로였다. 정치권에서 경쟁적으로 내놓은 복지 공약들은 국가 재정이 감당하기 어려운 수준이었다. 당시 새누리당과 민주통합당이 주장하는 복지 공약들을 이행하는 데 들어갈 예산은 5년간 최소 220조 원, 최대 340조 원 규모로 추산됐다. 선거용 선심성 공약이 많았다. 재원 조달 계획도 다 엉터리였다. 세금을 늘리지 않고, 국채도 발행하지 않고, 지방 재정 부담도 주지 않으면서 세입을 늘리고 세출을 줄이겠다는 조달 계획은 지극히 비현실적이었다.

박재완 당시 장관이 복지TF 분석 결과를 발표하겠다고 했지만 내가 하겠다고 나섰다. 작업을 내가 주도했기 때문이기도 했지만, 정치권의 공격을 장관이 바로 받아서는 안 된다고 생각해서였다. 나는 이미 내심, 문제가 되면 책임지고 사임할 생각을 하고 있었다.

발표 전날 중앙선거관리위원회에서 연락이 왔다. 선거법 위반 소지가 있으니 발표하지 않으면 좋겠다는 의견이었다. 선거법 위반에 따른 책임은 기획재정부 조직이 아니라 이 일을 주도한 차관에게 있으니 내게 책임을 물으라고 했다. 그 다음 날 예정대로 결과를 발표했다. 선관위는 "기획재정부가 정치권의 복지 공약을 분석한 일이 유권자의 판단에 부당한 영향력을 미쳐 선거 결과를 왜곡하는 것으로 볼 수 있다"고 했고, 나는 국가 재정을 책임지는 공직자로 당연히 할 일을 했을 뿐이라고 반박했다.

발표 내용은 언론의 큰 관심을 끌었다. 정치권의 선심성 공약과 포퓰리즘에 대해 경종을 울렸다고 했다. 발표 직후 선관위에서 선거법 위반 경고가 왔다. 기관 경고였다. 박재완 장관과 김대기 당시 청와대 정책실장(뒤에 대통령 비서실장)에게 사의를 표했다. 정말 그만두고 싶었다. 사의가 수용되기를 원했다. 그렇게 소신껏 일하다 그만두는 공직자로 남고 싶었다. 그러나 장관과 정책실장은 "지금 사표를 수리하면 김 차관에 대한 문책으로 보일 테니 그건 아니다"라고 했다. 두 분께 이미 사의를 표했으니 적당한 시기, 필요할 때 경질해 달라고 했다.

'사회적 이동'은 특별히 내가 신경을 쓴 이슈였다. 언제부터인가 우리 사회에 부와 사회적 지위가 대물림되면서 계층이동 사다리가 끊어졌다. 부모의 소득이나 교육 수준이 교육 격차를 유발하고, 이는 다시 경험 격차, 직업 격차 그리고 자녀세대의 소득 격차로 이어지면서 사회경제적 불평등을 심화시킨다. 이 문제의 해결에 역점을 두었다. 예산실장 때 교육희망 사다리 사업을 만들었을 뿐 아니라 차관이 돼서도 계층이동 사다리를 곳곳에 놓기 위해 노력했다. 절대빈곤의 환경에서 좌절하고 원망했던 생생한 경험이 이 문제에 관심을 갖게 했지만, 차관 때 겪었던 작은 경험도 이런 내 의지를 한층 강화시켰다.

어느 날 강원도에 있는 한 중학교 수학 교사로부터 편지를 한 통 받았다. 전교생이 스물한 명에 불과한 농촌의 작은 중학교였는데 학생들 가정 형편이 너무 어려워서 아무런 꿈과 희망을 갖지 못하고 있다며 내게 학교 방문을 청했다. 학생 수에 맞춰 21권의 각기 다른 책을 사서 학생들 이름을 하나하나 적어주고 두 시간 동안 이야기를 나눴다. 학생들 나이 때의 내 이야기부터 시작했다. 판잣집, 천막집, 상고 진학, 열일곱 살에 시작한 직장생활. 그러면서 꿈과 희망을 심어주려 애썼다. 학생뿐 아니라 교사들도 눈물을 흘렸다.

돌아오는 길, 뿌듯한 마음 뒤에 납덩어리처럼 무거운 마음이 나를 짓눌렀다. 과연 어려운 환경에서 노력하면 꿈이 이루어질까. 열정과 노력은 보상받을까. 계층이동 사다리가 끊어지고 사회적 이동이 막힌 사회를 바꾸려면 우리는 무엇을 해야 하나. 그후로 수년 동안 매학기마다 그 학교를 찾아갔다.

차관 시절 '청야(靑夜)'라는 모임을 만들었다. 푸를 청(靑) 밤 야(夜). 젊은 시절 '주경야독(晝耕夜讀)'해서 까만 밤을 희망으로 만든 사람들의 네트워크다. 집안 형편이 어려워 일을 하면서 고교와 대학을 다니고 자수성가한 사람들의 모임을 만들기 위해 모두에게 직접 전화를 걸었다. 생계를 위해 일과 학업을 병행한 끝에 성공한 분들이 내 뜻에 공감하고 흔쾌히 응했다. 다들 어려웠던 처지를 원망하기보다는 사회로부터 받은 게 많다고 생각했다. 그래서 가장 소중한 '시간'을 내놓기로 했다. 몸으로 직접 봉사하고 어려운 처지의 청년 멘토링에도 참여했다.

이 경험은 '사회를 뒤집는 반란'이 성공하기 위해서는 사회 지도층의 헌신과 희생이 필요하다는 확신을 갖게 해주었다. 사회 변화는 탑다운 방식으로 위에서 시켜서도, 내가 아닌 남에게 하라고 해서도 안 된다. 지도층, 정치권이 사회에 책임감을 갖고 노블레스 오블리주를 실천으로 먼저 보여주어야 한다.

'자유인'의 꿈

국장 때부터 공직을 그만두는 것에 대해 생각했다. 스스로 물러날 때를 아는 공직자가 되고 싶어서였다. 언제든 공직을 그만두면 인생의 새 장(章)은 '자유인'으로 살고 싶었다. 지금은 없어진 싸이월드(cyworld) 미니홈피에 '물러날 때를 아는 공직자'가 되고 싶다며 '물러날 때'에 대해 쓴 적이 있다.

비전을 제시하지 못하거나 또는 스스로 비전이 없어질 때. 일에 대한 열정을 느끼지 못하고 문득 무사안일에 빠지자는 유혹에 굴할 때. 문제를 알면서도 침묵할 때. 문제의 해결 방안을 엉뚱한 곳에서 찾는 무능력을 어느 날 갑자기 찾아온 노안(老眼)처럼 느끼게 될 때. 잘못된 정책을 국민을 위한 것인 줄 알고 고집하는 확신범이란 생각이 들 때.

바로 그 '때'가 다가오고 있었다. 2013년 3월, 새로 취임한 박근혜 대통령이 나를 장관급인 국무조정실장으로 임명했다. 국무총리를 보좌하며 국정 전반을 챙기는 자리였다. 발표 사흘 전쯤 연락이 왔는데 아무에게도 이야기하지 않았다. 당시 큰아들이 힘들게 투병할 때였다. 병원에서 가족들과 같이 TV 뉴스로 임명 소식을 들었다. 아내에게서 미리 알려주지 않았다고 싫은 소리를 엄청 들었다. 내 공직은 기획재정부 차관이 끝이라고 생각하고 있던 때였다. 당시 진영 대통령직인수위 부위원장(뒤에 행정안전부 장관)이 나를 두고, '차관 때 복지TF 하면서 우리를 무척 힘들게 했던 사람'이라고 모 언론인에게 평했다는 말을 들은 터라 더욱 그랬다.

박근혜 대통령과도 역시 개인적인 인연이 전혀 없었다. 오히려 안 좋은 기억을 갖고 있었다. 박근혜 대통령이 당대표이던 시절 당시 정책위 의장인 이주영 의원(뒤에 해양수산부 장관)과 함께 만난 적이 있었다. 그 무렵 박 대표는 유력한 대권 후보로 '떠오르는 태양'이라고 불렸다. 그런 그가 예산실장이던 내게 큰 규모 사업 여러 개를 요청했는데, 기준과 우선순위에 맞지 않는다며 단호하게 거절한 적이 있었다. 그래서 장관 승진은 뜻밖이었고 솔직히 반갑지도 않았다. 투병 중인 큰아들과 더 많은 시간을 보내고 싶었다.

국조실장으로 있으면서 대통령과 청와대로부터 일로는 신임을 받았다. 2주에 한 번씩 하는 총리 주례회동에서 박근혜 대통령은 내 이야기에 귀 기울이고 직언도 거의 수용해주는 편이었다. 한번은 대통령에게 주례 보고를 마치고 허태열 비서실장이 차를 한잔하자고 했다. 내가 직언하면 대통령이 늘 잘 듣는다고 하면서, 어떤 이슈를 몇 차례 대통령께 건의했는데 반응이 없으니 다음 보고 때 내가 한번 이야기를 해 도와달라는 것이었다.

이상했다. 당시 나의 청와대 카운터 파트너는 류민봉 정책기획수석(뒤에 국회의원)이었다. 내가 류 수석에게 보낸 자료나 함께 협의한 내용을 대통령에게 직접 보고하지 못한다는 이야기가 들렸다. 당시 정책수석실 비서관은 홍남기(뒤에 경제부총리) 그리고 최재영(뒤에 국제금융센터 원장)으로 둘 다 기획재정부 후배들이었다. 이들에게 어떻게 된 건지 물어봤다. 류 수석이 대통령에게 직접 보고를 못 하고 보고서를 정리해서 보내고 나서 나중에 전화로 코멘트를 듣는다고 했다. 누구냐고 물었더니 부속실 정호성 비서관이라고 했다. 큰일이라 생각했다.

날을 잡아 류 수석을 삼청동 식사 자리로 불러내 솔직하게 이야기했다. 그런 방식으론 절대 안 된다. 대통령께 직접 보고하고 필요한 직언을 해라. 어차피 류 수석은 교수 출신이고 공직 마치면 학교로 돌아갈 사람 아니냐. 소신껏 해야 한다. 류 수석은 내 말에 동의했지만, 그 뒤로도 바뀌지 않았다.

이건 아니라는 생각이 들었다. 청와대 선임수석이 대통령께 대면 보고도 못하고 문고리 비서관에게 코멘트 받는다는 것이 한심스러웠다. 국정 운영에 대한 대통령이나 권력 핵심들의 비전이나 방향은 보이지 않았다. 국정의 여러 어젠다와 개혁과제들도 헛돌았다. 차관 때까지만 해도 대통령이 평범한 이야기를 해도 대단하게 들렸다. 대통령이란 자리가 주는 아우라 같은 것이었으리라. 그러나 국조실장이 된 후 냉정하고 객관적으로 바라보게 됐다. 자리에 연연하지 않고 중심을 잡으니 보였다. 류 수석 등 청와대의 행태에 실망하면서 비선 라인에 대한 의구심까지 들었다. 시중에 떠도는 소문대로 대통령 뒤에 누군가 있나 하는 생각도 들었다. 지도자로서의 대통령이 아니었다. 청와대와 정부 핵심의 의사결정 시스템이나 내각이 돌아가는 모습을 보면서 소신껏 일할 수 없겠다는 생각이 들었다.

국무조정실장이 된 지 6개월쯤 지나 사의를 표했다. 아무하고도 상의하지 않았다. 내 마음 깊숙한 곳에서 '이제 그만둘 때'라는 목소리가 들렸다. 정홍원 총리가 만류했지만 청와대 당시 김기춘 비서실장과 실세라고 불렸던 이정

현 홍보수석에게 사의를 표했다. 이 수석은 대통령이 나에 대해 어떤 일을 맡겨도 해결하는 분이라고 생각하고 있다며 만류했고 김 실장은 사의를 수용하지 않았다. 10개월 가까이 계속해서 사의를 표했다. 사의 수용이 되지 않는 것을 보고 도저히 안 되겠다 싶어 몸이 아프다고 칭병(稱病)을 했다. 과로와 편두통으로 서울대학교 병원에서 진료를 받다가 의사에게 입원도 가능하냐고 물었다. 원하면 가능하다는 말을 듣고 총리에게 건강 때문에 입원해야 할 것 같다고 핑계를 댔다. 총리께서 대통령과 따로 독대해 내 건강 상태를 이야기하여 결국 사의가 수용됐다. 2014년 7월, 국무조정실장으로 일한 지 1년 5개월 만이었다.

그만두기 전날 국무회의에 참석했고 마지막 주례 보고를 대통령에게 했다. 보고 내내 업무보다는 내 이야기가 나왔다. 대통령은 마지막에 "김 장관님, 한 5개월 정도 몸 추스르시고 꼭 다시 복귀하기를 기대합니다"라고 말했다. 공무원이 하는 대답의 정석은 '알겠습니다'였지만, 나는 "죄송합니다"라고 답을 했다. 다시 공직에 복귀하고 싶은 생각은 추호도 없었다. 그냥 표표히 떠나고 싶었다. 조그마한 아쉬움도 후회도 회한도 없었다. 국장 때 싸이월드에 썼던 것처럼 '자유인'이 되고 싶었다.

내 사임은 발표 날 때까지 아무도 몰랐다. 대통령, 총리,

청와대 비서실장만 알고 있었다. 내 비서실에서조차 몰랐다. 그만두는 날 점심 무렵 공보실장을 불러 보도자료를 준비시켰다. 오후 4시에 발표하라고 지시했다. 마지막 일정으로 중앙공무원교육원에서 신입 사무관을 대상으로 하는 특강을 약속했기 때문에 발표를 강의 마치는 시간에 맞췄다. 공직을 떠나면서 공직에 입문하는 젊은 사무관들을 만나는 것도 뜻깊었다. 두 시간 가까운 강의의 마지막 결론은 '진정한 우리 사회의 엘리트는 능력도, 자리도 아니고 힘든 사람들을 진심으로 이해하고 배려하는 가슴에서 나온다'는 것이었다.

내 사임은 뉴스 속보로 떴다. 기획재정부나 총리실 직원들은 많이 놀랐다. 다음 자리로 장관이나 경제부총리를 할 수 있을 텐데 왜 여기서 그만두느냐는 반응이었다. 그만두고는 바로 서울을 떠났다. 수많은 사람들이 만나자고 연락을 하고 여러 일자리 제의가 올 텐데 다 떠나 있고 싶었다. '자유인'이 되고 싶었다. 나는 그때 내 발로 공직을 그만두고 나온 것을 내 공직생활에서 가장 잘한 결정이라고 생각한다. 결정할 때 95%의 확신이 있었다면, 그만두고는 120% 내가 잘 그만뒀다고 생각하게 되었다. 다만 마음에 걸리는 것이 하나 있었다. 총리께 사전에 사실대로 말씀드리지 못한 것이다. 지금도 죄송하다. 아마 사실대로 말씀드렸다면 사퇴를 만류하셨을 것이다. 그렇다면 그만두지 못하고 박근혜 정부에서 장관이든 부총리든 더 했을 것이다.

국조실장으로 일할 때 세월호 참사가 일어났다. 해외순방 중이던 총리는 그날 귀국 예정이었다. 중간 급유를 위해 방콕에 기착하셨을 때 전화를 걸어 서울공항이 아닌 무안공항으로 오시도록 했다. 귀국 직후 힘드시더라도 바로 팽목항에 가셔서 유족들을 만나라고 건의드렸다. 봉변을 당할 것이 뻔했지만 유가족들의 아픔에 공감해야 한다고 말씀드렸다. 다음 날 새벽 상경한 총리는 본인 사의를 내게 이야기하셨고, 나는 총리 사의로 안 되고 내각 총사퇴를 준비해야 한다고 했다. 생존자 구조에 실패한 것도, 참사를 예방하지 못한 것도 공직자로서 너무 부끄러웠다. 그런 자책과 성찰도 공직을 그만두자고 마음먹는 데 적잖이 얹어졌다.

당시 중앙일보에 고정 칼럼을 쓰고 있을 때였다. 내 차례가 와서 세월호에 대한 글을 쓰고 더 이상 글을 쓰지 않겠다고 했다. 3년이나 썼던 칼럼이었다. 내 딴에는 언론에 절필을 선언한 것이다.

혜화역 3번 출구

혜화역 3번 출구는 늘 설레는 마음으로 걸었던 길이다. 꽤나 좋아하는 일 중 하나인 대학로 소극장에서의 뮤지컬이나 연극을 보러가는 길목이어서였다. 〈지하철 1호선〉이나 〈라이어〉 시리즈 무대도 이 길을 따라 찾곤 했다.

같은 혜화역에 전혀 다른 세상이 있다는 것을 알게 된 것은 2년 반 전, 갑자기 힘든 병을 얻은 큰애가 서울대병원에 입원하면서부터였다. 병원 가는 길인 혜화역 3번 출구는 가슴 찢는 고통을 안고 걷는 길이 돼버렸다. 서로 마주 보는 두 길이 이렇게 다를 수 있나 탄식이 나오곤 했다.

가끔 했던 강연에서 젊은이들을 꽃에 비유하곤 했는데 정말 꽃 같은 학생들이 세월호 사고로 희생됐다. 구조를 애타게 기다리는 부모의 모습을 TV로 보면서 남몰래 눈물을 닦았다. 아내는 너무 울어 눈이 퉁퉁 부을 정도였다. 떠난 자식에 대한 애절한 마음과 간절한 그리움을 누가 알까. 자식을 잃어본 경험이 없는 사람은 알 수 없는 고통일 것이다.

죽을 것 같은 그리움도 세월 앞에는 먹빛처럼 희미해지기 마련이지만, 아주 드물게는 그렇지 않은 것들도 있다. 반년 전 스물여덟 나이로 영영 돌아오지 못할 곳으로 가버린 큰애는 지금도 씩 웃으며 어디선가 불쑥 나타날 것 같아 주위를 둘러보곤 한다. 어린이날을 생일로 둬서 이맘때는 더욱 그렇다.

옆에서 많이들 그런다. 시간이 지나야 해결될 것이라고. 일에 몰두해 잊어보라고. 고마운 위로의 말이긴 하지만 겪어보지 않은 사람은 모른다. 그럴 수 없다는 것을. 자식 대신 나를 가게 해 달라고 울

부짖어보지 않은 사람, 자식 따라 나도 가고 싶다는 생각을 해보지 않은 사람은 이해하지 못할 아픔이란 것을.

떠나보낸 뒤에도 그 아픔을 매일 '똑같이' 느끼는 것이 힘들었다. 아픔을 잘 견디고 있는 '척'을 해야 할 때는 더욱 그랬다. 그래서 언제부턴가 '생각의 서랍장'을 만들려 해봤다. 그 장(欌)의 칸을 막아 그리움, 사랑, 분노, 안타까움, 미안함, 애틋함과 같은 감정의 끝단이 들어갈 서랍을 따로 만드는 것이다. 그리고 너무 아파 견디기 힘들 때 그 일부를 잘라 서랍에 보관해 두는 것이다. 그것이 오히려 애절함의 더욱 절실한 표현이란 생각도 들었다.

그래도 해결이 안 되는 아픔은 언젠가 서랍에 꼭꼭 넣어 두었던 감정의 모서리까지 모두 꺼내 훌훌 털어 풀어야겠다고 생각했다. 훗날 그리운 사람을 다시 만나는 소망이 이루어졌을 때다. 그런 해원(解冤)이 있을 때야 서로 부르는 소리가 비껴가지 않을 것이다.

서랍장을 만드는 데 힘이 된 것은 주위의 위로였다. 큰애를 보낼 때 얼굴을 무너뜨리고 눈물을 흘렸던 반백의 중년은 큰애 돌 잔치 때 왔던 40년 넘은 친구였다. 어린애처럼 엉엉 울던 덩치가 산(山)만 한 청년은 외국에서 일부러 귀국한 큰애의 친구였다. 노구(老軀)를 지팡이에 의지해 운구차를 지켜보던 분은 큰애가 대학원 갈 때 추천서를 써주셨던 여든이 넘은 옛 상사였다.

이번 사고로 많이 아프다. 어른이라 미안하고 공직자라 더 죄스럽다. 2년여 투병을 하다 떠난 큰애 생각만 해도 가슴이 먹먹한데, 한순간 사고로 자식을 보낸 부모의 심정은 어떨까 생각하니 더 아프다. 사고 수습 과정에서 그분들의 심정을 조금이라도 더 이해하려고 노력했는지, 그분들 입장에서 더 필요한 것을 헤아리려는 봤는지

반성하게 된다.

돌아보고 고쳐야 할 것이 한둘이 아니다. 그래도 우리처럼 모든 국민이 함께 아파하는 나라는 그리 흔치 않다. 여기서 더 나아가 서로를 위로하고 보듬어주는 치유공동체를 만들면 좋겠다. 그리고 희생된 분들을 오래 기리고 기억했으면 좋겠다. 그것이 진정한 사회적 자본이고, 희생된 꽃 같은 젊은이들에게 우리가 진 빚을 갚는 길이다.

혜화역 3번 출구에는 아직도 다시 갈 엄두를 내지 못하고 있다. '가족 중에 누군가 아파야 한다면 엄마, 아빠나 동생이 아니라 자기인 것이 다행'이라고 했던 큰애 때문이다.

이번 희생자 가족들도 견디기 어려운 사연들을 갖고 있을 것이다. 그분들께 마음에서 우러나오는 위로를 드리고 싶다. 그렇게 할 어떤 방법도 없다는 것을 알기에, 아무 말 않고 그저 따뜻한 허그(hug)를 해드리고 싶다. 그분들에게 닥친 엄청난 아픔의 아주 작은 조각이나마 함께 나누고 싶다는 마음을, 그분들의 힘든 두 어깨를 감싸며 전하고 싶다.

— 2014년 5월 4일, 《중앙선데이》

청년의 바다

퇴직하는 날 경기도 양평에 있는 농가에 방을 하나 얻어 서울을 떠났다. 서울에 있으면 어쩔 수 없이 수많은 사람을 만나야 했다. 벗어나고 싶었다. 사실은 고향에 가고 싶었다. 늘 내 마음속에 있는 고향. 그러나 고향에 가면 대번에 출마하기 위해 내려왔다고 할 게 뻔했다. 그래서 아무 연고도 없는 양평을 택했다. 공직에는 다시 뜻이 없었다. 민간 대기업, 로펌에서 좋은 조건의 제의가 많았다. 연봉 20억 원이 넘는 제의도 있었다. 몇몇 대학에서도 총장 제의가 있었다. 다 거절했다. 아내에게 취업하거나 돈 벌지 않겠다고 했다. 공무원연금으로 검소하게 살자고 했다. 아내도 동의했다. 골프도 치지 않고 술을 즐기는 편도 아니니 돈이 별로 필요하지 않았다. 책이나 읽고 산보나 하면서 아무 생각 없이 지냈다.

그만두는 날 대통령이 이야기한 것처럼, 정말 5개월쯤

지나 청와대 당시 김기춘 비서실장으로부터 전화가 왔다. 다시 입각하라는 전화였다. 두 차례나 왔다. 단호하게 거절했다. 어떤 자리인지 물어보지도 않았다. 자리를 묻고 거절하면 마치 그 자리가 마음에 덜 차서 거절하는 것으로 생각하고 다른 자리를 제의할 것 같았다. 단호하게 거절은 했지만 걱정이 됐다. 만약 대통령에게서 직접 연락이 와서 만나자고 하고 "저 좀 도와주세요"라고 이야기하면 거절하기 힘들 것 같았다. 그럴 경우가 생겨도 거절할 명분이 필요했다. 무슨 일이라도 해야 하나 싶었다.

때마침 전에 총장 제의를 거절했던 했던 대학 중 하나인 아주대에서 다시 연락이 왔다. 총장 후보에 이름이라도 올리자는 것이었다. 수락하고 얼마 되지 않아 이사회에서 전격적으로 내가 총장으로 선임됐다는 연락을 받았다. 후보가 꽤 여러 명이었는데 압도적 다수로 됐다는 것이었다. 잠깐 기다리라고 하고 총리와 비서실장에게 전화를 했다. 몸이 아프다고 그만두고는 대학총장은 하냐고 이야기할 것 같아서였다. 정홍원 총리는 축하해주었고, 김기춘 실장은 "가셨다가 언제라도 국가가 부르면 와야지요"라는 반응이었다.

대학에 간 것이 다시 공직에 가지 않을 핑계 때문만은 아니었다. 늘 청년에 관심이 많았다. 계층이동 사다리와 사

아주대학교 축제 '아주대동제'에서 학생들과 함께

회적 이동 사업을 추진하면서, 힘든 청소년과 청년을 위한 '청야' 봉사활동을 하면서 항상 신경을 썼다. 우리 사회의 인센티브 시스템을 바꾸자는 것도 청년들이 자기가 하고 싶은 일을 찾는 시도를 마음껏 할 수 있는 틀을 만들기 위한 것이었다. 아주대학교는 경기도 최고의 명문대학이다. 재단이 투명하고 학교 경영에 간섭도 덜했다. 총장으로 소신껏 일할 수 있는 여건이 조성된 학교였다. 청년의 바다에 빠져보자는 강한 의욕과 열정이 불타올랐다.

2015년 2월 제15대 아주대 총장으로 취임했다. 취임식 제목은 '유쾌한 반란'이었다. 세 가지 반란을 이야기했다. 우리를 둘러싼 환경, 우리 스스로 쌓아온 틀, 우리 사회를 건전하게 발전시키기 위한 사회에 대한 반란, 이렇게 세 가지 반란. 취임식에는 세 분의 특별한 손님을 초대했다. 내 초기 공직생활의 멘토이셨던 김기환 대사님, 학문적 멘토인 래리 모어 교수님 그리고 어머니였다. 현직에 계셨던 정홍원 총리께서도 고맙게 참석해주셨다.

취임 후 바로 시도한 첫 프로젝트는 '브라운백(brown bag) 미팅'이었다. 학생들과의 대화시간이었다. 매달 짝수 주 화요일 점심시간에 두 시간 가까이 20명의 학생들을 만났다. 점심으로 피자나 햄버거를 먹으면서 편하게 대화를 나눴다. 처음에 이 계획을 이야기했더니 학생처장이 난색을 표했다. 학생들이 오지 않을 거라는 이유였다. 학생들을 동원할 생각까지 하길래, "한 명이 와도 좋으니까 절대 동원하지 말라"고 했다. 첫 모임에 55명이 신청했다. 선착순으로 20명과 첫 브라운백 미팅을 하고, 나머지 신청자는 다음 모임에 우선권을 주었다. 처음에는 쭈뼛쭈뼛 주저하던 학생들이 점차 씩씩하게 자기 이야기를 하기 시작했다. 총장을 그만둘 때까지 해외 출장 때를 제외하고는 매달 두 번씩 계속했다.

'총장북클럽'도 만들었다. 매달 한 권의 책을 지정하고 토론할 시간과 장소를 공지했다. 책을 읽은 학생이라면 누구나 참가해서 이야기 나눌 수 있었다. 첫 책으로 《걸리버 여행기》를 함께 읽었고, 노벨문학상을 탄 작가 한강의 《채식주의자》도 그때 학생들과 함께 읽었다. 개인적으로 규범과 틀을 강요하는 사회에 대해 성찰할 수 있는 기회였다. 책에 나타나는 작가의 문제의식에 대해 학생들과 진지하게 의견을 나눈 것이 기억에 남는다.

'파란학기제'는 학생들에게 자기가 하고 싶은 공부나 일을 정식 학점 이수 과목으로 만드는 제도였다. 학생들 주도로 도전과제를 설계하고 학교로부터 승인을 받으면 3~18학점과 장학금을 줬다. 승인 조건은 자기 주도성과 창의성이었다. 누가 시켜서가 아니라 자기가 하고 싶은 일이어야 했고, 학교 내에 같거나 유사한 과목이 있으면 안 됐다. 도전과 시도는 응원했고 실패는 장려했다. 대한민국 대학에서 최초로 한 시도였다. 막상 교수들은 반대했다. 수업의 질 관리를 문제 삼았지만 내심 교수의 수업권 침해에 대한 걱정 때문이었으리라. 파란은 아주대의 상징색인 '아주 블루'색, 알을 깨고 나온다는 '파란(破卵)', 대학 교육에 '파란(波瀾)'을 일으키자는 세 가지 뜻을 담았다.

'애프터유(After You)'는 '나보다 당신 먼저'라는 뜻의 영어다. 남에게 양보할 때 쓰는 말이다. 어려운 형편으로 해외 경험을 쌓기 힘든 학생들에게 장학금을 주어 해외연수 기회를 주는 프로그램이다. 학생을 선발할 때 학교 성적과 어학 성적은 전혀 고려하지 않았다. 이 성적들은 소득수준과 밀접한 상관관계를 갖기 때문이다. 성적 대신 다른 두 가지 기준으로 학생을 선발했다. 하나는 학생의 가정 형편이었고, 다른 하나는 도전하겠다는 의지였다. 장학금에 소요되는 경비는 전액 외부에서 모금했다. 내가 아닌, '그 친구를 보내자'는 슬로건으로 외부 모금을 했다. 프로그램의 취지에 찬동하는 많은 분들이 자발적으로 모금에 참여했다. 나는 매달 내 봉급에서 500만 원씩 기부했다. 또 하나의 특징은 아주대 학생뿐 아니라 타 대학 학생도 뽑은 것이다. 선발 인원의 20%를 경기도에 있는 타 대학 학생 중에서 뽑았다. 해외연수 대상 대학도 국제적으로 평판도가 높은 대학으로 정했다. 미국의 미시간대학, 존스홉킨스대학, 워싱턴대학 그리고 중국의 상해교통대학과 북경이공대학이었다.

'아주 희망 SOS'는 긴급복지 핫라인이었다. 학비를 지원하는 장학금은 비교적 제도가 잘 구비되어 있지만 정말 생계가 곤란한 학생들도 많았다. 사업이 망했거나 집안의 빚 때문에 끼니를 해결하기 어려운 학생들도 있었다. 누구든지 정말 어려운 상황일 때 SOS 긴급구조신호를 보내도록했다. 복잡한 결재 절차를 다 생략하고 담당 직원 한 명이 학생을 직접 만나 상황을 듣고 바로 지원토록 했다. 기본적으로 3개월 정도 생활비를 지원했고 필요에 따라 추가 지원도 해주었다. 아버지가 돌아가시고 중학교 때 등록금 걱정, 끼니 걱정을 하던 내 경험에서 만든 프로젝트였다. 소요 경비는 전액 내가 지원했다. 1년에 60명 정도 지원했던 것으로 기억난다. 외부 강사료 통장을 따로 만들어 전액 이 경비로 쓰도록 했다. 애프터유와 SOS 사업에 기부한 금액은 내 수입의 절반에 이르렀다.

장애 학생들과 편입생들에게도 각별히 신경을 썼다. 장애 학생이 50명 정도 있었다. 매 학기 따로 만나 애로사항을 듣고 해결하려고 애썼다. 시각장애 학생을 위한 특수 장비가 한 대뿐이란 말을 듣고 바로 한 대 더 구입했다. 기숙사

계단 난간을 설치하기도 했다. 편입생들이 주눅이 들까봐 따로 특강을 했다. 여러분도 우리 가족이다, 씩씩하게 지내라고 힘을 불어넣어 주었다.

4년 임기를 다 채우지 못하고 총장 취임 2년 4개월 만에 학교를 떠나게 됐다. 문재인 정부 초대 경제부총리로 가게 됐기 때문이다. 총장으로 선임되고 만났던 전·현직 두 분 재단 이사장은 임기를 두 번 맡아달라고 했지만 한 번만 하겠다고 했는데 결국 임기를 한 번도 채우지 못했다.

총장 이임식은 따로 하지 않고 학교 잔디밭에서 조촐하게 작별 인사하는 것으로 대신했다. 많은 분들이 참석했다. 눈물을 흘리는 학생들도 있었다. 임기를 채우지 못해 미안하다고 하며 학교를 떠나도 영원한 아주인으로 남겠다고 약속했다.

아주대에 있는 동안 행복했다. 무엇보다 학생들과의 만남은 큰 행운이었다. 청년들과의 만남은 항상 설레고 즐거웠다. 청년들의 어려움과 분노를 이해하게 됐다. 그들의 꿈, 잘 드러나지 않지만 속에서 뜨겁게 내연(內燃)하는 열정을 알게 됐다. 고마운 일이었다. 그렇게 정들었던 학교를 떠났다.

부총리로도 넘지 못하는 한계

2017년 5월 18일. 청와대로부터 전화를 받았다. 경제부총리를 맡아달라는 제의였다. 완곡하게 사양했다. 3년 전 칭병(稱病)까지 하면서 공직에서 물러났고 그 뒤 두 차례의 입각 제의를 거절할 정도로 공직에 대한 생각을 아예 접고 있던 때였다. 재차 요청이 왔다. "비전 2030이 우리 선거 캠프에서 일종의 바이블이었다. 그걸 만든 게 김 총장 아니냐. 이제 실천에 옮겨 달라." 이 말을 듣고 수락했다. 대통령에 대해 아는 바는 없었지만 큰 방향에서 가치와 국정철학을 공유하고 있다고 생각했다.

문재인 대통령과는 만난 적도 없었고 아무런 인연도 없었다. 부총리로 지명되고 나서 9일 뒤인 5월 30일 대통령을 처음 만났다. 인사청문회 8일 전이었다. 당시 기획재정부에서 준비 중인 추경예산안 내용을 보고하기 위한 자리였다. 보고 직전에 대통령을 따로 만나게 해 달라고 했다. 여러 사람이 참석하는 보고 자리에서 "처음 뵙겠습니다"라고 인사할 수는 없었기 때문이었다. 20분 정도 독대를 하며 세 가지 말씀을 드렸다. 먼저 경제는 제가 책임지겠다, 둘째 정부의 경제정책을 소득주도성장으로만 알고 있는데 혁신성장도 함께 가야 한다, 셋째 대통령께 정기적으로 직접 보고할 기회를 달라. 대통령은 내 이야기를 흔쾌히 들어주셨다. 내게는 한 가지만 당부하셨다. "우리 경제의 패러다임을 바꿔주십시오." 가슴이 벅찼다. 12년 전 비전 2030에서 내세웠던 바로 그 모토가 아니던가!

인사청문회에서 경제 운영 방향으로 세 기둥을 제시했다. 사람 중심 투자, 혁신성장, 공정경제였다. '소득주도성장'이란 표현은 일부러 쓰지 않았다. 대통령 선거 공약인 소득주도성장 정책 패키지의 내용은 '사람 중심 투자'에 충분히 담을 수 있다고 생각했다. 무난히 청문회를 통과하고 경제부총리로 취임하면서 취임사에서 기획재정부 공무원들에게 이런 이야기를 했다.

"우리가 언제 한번 실직(失職)의 공포를 느껴본 적이 있습니까? 우리가 몸담은 조직이 도산할 것이라고 걱정해본 적이 있습니까? 장사하는 분들의 어려움이나 직원들 월급 줄 것을 걱정하는 기업인의 애로를 경험해본 적이 있습니까?"

진심이었다. 국민의 시각에서 정책을 만들자고 했다. 저
성장 고착화, 양극화 심화에서 비롯된 많은 경제 문제들이
구조적 위기로까지 번지고 있었다. 끊어진 경제의 선순환
고리를 다시 이어서 잃어버린 경제 역동성을 되찾겠다는
포부가 있었다. 우리 경제의 수장이라는 자리. 비전 2030을
실현하는 일. 우리 경제의 틀을 바꾸자는 대통령의 의지.
공직자로서 국가의 미래를 위해 헌신할 마지막 기회. 가슴
이 뛰고 열정이 넘쳤다. 피곤한 줄 모르고 뛰었다.

취임하자마자 혁신성장의 구체적인 추진 계획을 만드는
작업에 착수했다. 비전 2030 보고서에서 주장했던 '제도개
혁'과 같은 맥락이다. 경제뿐 아니라 교육, 사회, 공공 등 모
든 부문에서의 혁신과 구조개혁을 통해 우리 수준을 업그
레이드하자는 것이다. 원활한 시장진입, 혁신인재 양성, 모
험자본의 공급, 기업친화적인 제도로의 변화를 추진했다.
또한 플랫폼 경제, 스마트공장, 핀테크, 에너지 신산업, 스마
트 시티, 바이오 헬스, 미래자동차 등 선도 산업에 대한 정
책적 지원을 통해 혁신성장을 견인토록 했다.

부총리 재임 1년 6개월, 보람도 많이 느낀다. 기획재정부
에서는 오래전부터 부총리 성적표는 경제성장률로 결정된

다는 말이 있었다. 재임 중 성장률은 2017년 3.4%, 2018년 3.2%였다. 박근혜 정부 때 2%대로 떨어진 경제성장률을 다시 3%대로 복귀시킨 것이었다. 또한 재임 중 사상 최초로 1인당 국민소득 3만 달러 시대를 열었다.

자부심을 가지는 일 가운데 하나는 대외 변수의 관리였다. 2017년 취임 직후 부딪힌 문제는 주로 대외 문제들이었다. 북핵 문제에서 비롯된 지정학적 위험과 신용등급 하락 위기, 만기가 도래한 중국과의 통화스와프 연장, 미국과의 FTA와 환율 협상 등 고비가 있었다. 주요국 재무장관 등과의 협의와 다자간 국제 협력 채널을 통해 한미 FTA 재협상의 마무리, 극적인 한중 통화스와프 연장, 국제 신용등급 유지 등 대외 변수를 성공적으로 관리했다.

한편 정책을 놓고 청와대와의 대립이 컸다. 언론에서는 나와 장하성 청와대 정책실장과의 대립을 '김&장 대립'이라고까지 표현했다. 청와대의 소득주도성장에 각을 세우면서 혁신성장을 주장했던 것이 가장 큰 이유였다. '소득주도성장'에서 지향하는 경제적 불균형과 양극화 해소는 우리가 가야 할 큰 방향이다. 그러나 소득주도성장은 우선 네이밍(naming)부터 잘못됐다. '소득'만이 '주도'해서는 '성장'이 이루어지지 않는다. 급격한 최저임금 인상이 추진되면서 최저임금 인상이 곧 소득주도성장이라는 잘못된 공식이 만들어졌다. 결과적으로 우리 경제가 '가야 할 방향'임에도 많은 국민들이 '잘못된 방향'으로 오인하게 됐다. 진보의 가치를 추구한다고 하면서 진보의 가치를 해치는 결과를 초래한 것이다.

내가 주장하는 혁신성장의 추진에도 애로가 많았다. 초기에 청와대는 관심 밖이었고 냉소적이기까지 했다. 취임 4개월이 다 되었을 때 대통령이 국무회의에서 혁신성장의 중요성을 강조했지만, 정책실은 여전히 소득주도성장을 앞세웠고 혁신성장 정책들은 심한 견제를 받았다. 대기업 정책에 있어서도 나는 대기업의 잘못된 관행이나 편법은 바로잡되, 혁신성장의 파트너로 함께 가야 한다고 강하게 주장했다. 그러나 청와대 정책실은 전 정부와 유사한 정책이나 대기업을 지원하는 내용에 거부감을 보였다.

가장 큰 불협화음은 최저임금 인상 속도에서 나왔다. 최저임금 인상의 필요성에는 나도 동의한다. 극심한 경제적 불균형을 해소하고 소비를 늘려 총수요를 늘릴 필요가 있다. 그러나 다른 측면도 함께 봐야 한다. 노동의 '가격'인 임금이 급격하게 오르면 사람을 쓰려는 수요가 줄거나 이미 고용된 사람에 대한 조정이 일어나 고용에 악영향을 미칠 수 있다. 임금 인상률 결정 과정에서 정책실과 크게 부딪쳤다. 대통령께 현실을 적나라하게 보고하려 했지만 번번이 저지당했다. 심지어는 둘째 해 임금 인상률을 다루는 국무회의에서 정부가 나서 최저임금위원회에 재심을 요구하자는 주장까지 했다. 받아들여지지 않았다. 최저임금은 첫해 16.4%, 둘째 해 10.9% 가파르게 올랐다. 결국 내 경고대로 2018년 여름 고용지표는 바닥을 쳤다.

법인세 인상 문제는 황당했다. 어느 날 갑자기 경제수석이 찾아와 '대통령 뜻'이라며 법인세 인상을 통보했다. 나는 "대통령이 주무시다가 일어나서 갑자기 법인세를 말씀하셨냐?"며 경위를 따져물었다. 내 논리는 명확했다. 세율 인상이나 조세 개편은 갑자기 뚝딱하는 게 아니다. 그리고 법인세만 볼 게 아니라 조세제도 전반을 봐야 한다. 1년의 시간을 갖고 추진하자. 6개월 정도 작업해 전체 조세 개편안을 만들고 6개월 정도 시장과 소통하여 시장이 대비하는 시간을 갖도록 하자. 그러나 정책실은 막무가내였다.

결국 법인세 인상 발표 때 나는 국민과 시장에 사과했다. 눈에 실핏줄이 터지고 입술이 부르튼 흉한 모습이었다. 내 입으로 금년에는 법인세 인상이 없다는 말을 했었기 때문이다. 부처 간부들이 부총리가 사과할 사안이 아니라고 말렸지만 '경제수장이 시장의 신뢰를 잃으면 정책을 펴지 못한다'는 생각으로 사과했다. 덕분에 시장으로부터 신뢰를 잃지 않았다고 믿는다.

청와대와의 대립은 더 깊어졌지만 더 큰 문제는 정치였다. 진영논리가 늘 경제논리에 앞섰다. 시간이 갈수록 심해졌다. 우리 경제의 구조적인 문제를 해결할 수 있는 여건을 정치가 만들어내지 못한다면 어떤 정권이 들어와도 실패할 운명에 처할 수밖에 없다. 2018년 11월 7일 국회 예결위에서 지금이 경제 위기가 아니냐는 어느 의원의 질의에 이렇게 답했다.

"지금 상황은 경제적 위기라기보다는 정치적 의사결정의 위기입니다."

정치는 우리 사회와 경제 문제를 해결할 의무가 있다. 법 제정, 중요한 정책 방향의 결정, 예산의 심의·의결은 모두 정치적 의사결정이다. 그런데 정치가 가장 큰 걸림돌이 되고 있다. 무슨 문제든 진영과 이념논리의 제물이 된다. 경제 패러다임을 바꾸거나 개혁을 추진하는 법안은 번번이 막힌다. 예산은 매년 볼모로 잡힌다. 정치에 가로막혀 경제가 한 발짝도 못 나가는 일이 허다하다. 이런 갈등구조는 정치권을 넘어 사회의 모든 부문으로 확장된다. 우리 경제의 패러다임을 바꾸겠다는 두 번째 도전은 그렇게 좌절됐다. 자괴감이 들고 화도 났다. 바깥에서는 당차게 청와대와 싸운다고 봤을지 모르겠지만 부총리가 돼 가지고도 해결하지 못하는 한계가 고통스러웠다.

결국 2018년 8월에 임종석 비서실장을 만나 사의를 표했다. 명분은 악화된 고용지표였다. 내게 책임을 묻는 모양새로 경제팀을 교체하도록 대통령께 건의하라고 했다. 2018년 10월 29일 월요일, 국정감사 마지막 날이었다. 마침 그날은 결혼 35주년이었다. 아침 일찍 집을 나오면서 아내에게 조그만 선물을 주고는 저녁을 함께 못 하는 상황에 대해 양해를 구했다. 청와대로부터 전화가 왔다. 내 교체 인사에 대한 통보였다. 밤 10시 반 경 국정감사가 끝났다.

집으로 가는 차 안에서 아내에게 전화해 잠깐 나오라고 했다. 어리둥절해하는 아내와 밤 11시경 동네 호프집에서 만났다. 맥주를 한 병 시켜놓고 이야기를 꺼냈다. "오늘 결혼기념일인데 아침에 준 선물이 빈약해서 하나 더 주려고." 아내는 눈을 동그랗게 떴다. "아침 것과 달리 큰 선물인데?" 자못 기대하는 눈치였다. "부총리 그만두는 선물!" 꽤나 놀라겠다 싶었는데, 뜻밖에 아내는 침착했다. 잠깐 숨을 고르더니, "연락 받았어?"라고 물었다. 고개를 끄덕였다. 아내는 내 손을 꼭 잡으며 말했다. "진짜 큰 선물이다. 정말 고마워. 그동안 수고했어."

부총리 1년 6개월 하루. 이임식 없이 이임사만 전자메일로 보냈다. 세종 청사에서 직원들과 일일이 인사를 나눈 뒤 서울에 있는 혁신본부에 들러 감사를 표했다. 재임 중 가장 역점을 둔 혁신성장을 위해 고생한 직원들이었다. 그러고는 광화문 청사에서 간부들과 마지막 인사를 나눈 뒤, 관용차를 마다하고 오래된 개인 쏘나타를 직접 몰고 사무실을 떠났다.

안녕, 만 34년의 공직생활. 굿바이, 이십 대 중반부터 바쳤던 내 청춘과 열정.

경제부총리를 그만두던 날 마지막 퇴근길

삶의 현장에서

공직생활을 그렇게 마무리했다. 사의를 표한 지 4개월
만이었다. 홀가분했다. 국가를 위해 헌신할 수 있었던 기회
에 그저 감사하는 마음뿐이었다. 자리에 대한 아쉬움이나
미련은 조금도 없었다. "평범한 소시민으로 돌아가겠다"고
담담하게 말할 수 있었다. 제일 큰 선물은 아내가 받았다.
늘 내 걱정을 하던 아내는 이제껏 받은 결혼기념일 선물 중
최고라고 했다.

부총리를 그만두고 한 달쯤 지나 청와대 인사수석으로
부터 연락이 왔다. 중국대사를 제의했다. 당시 중국대사가
몇 달째 공석이었다. "부총리님, 대통령님께 대사 후보들 명
단을 가지고 갔는데 보시지도 않고 김 부총리가 갔으면 좋
겠다고 하시네요. 그래서 '부총리 스타일상 안 할 겁니다'라
고 말씀드렸더니, '잘 설득해보도록 하지요. 정 안 하겠다고
하면 그때 후보들 보고해주세요'라고 하셨습니다"라고 했

다. 대통령께서 그 정도로 얘기했다니 예의상 하루 이틀 생각해보겠다고 하고는, 이틀 뒤에 가지 않겠다는 의사를 전했다.

퇴임 후 들어온 모든 제의를 사양했다. 공직의 새 자리, 몇 군데 대학의 총장, 큰 기업이나 단체, 정치권으로부터 온 영입 제의들이었다. 정치권의 권유는 특히 집요했다. 총선과 서울시장 출마 등이 있었지만 모두 사양했다. 2020년 3월 22일 내 페이스북에 쓴 글이다.

> 정치는 시대적 소명의식, 책임감, 문제 해결 대안 없이는 할 수 없는 일이라고 느꼈습니다. 누구나 할 수 있지만, 아무나 해서도 안 되는 것이 정치란 생각입니다. (중략) 솔직히 고백하자면, 저도 경제나 사회구조적 문제를 쾌도난마처럼 해결할 수 있는 해법과 대안을 갖고 있지 못합니다. 더 고민하려 합니다. 그동안은 공직자와 전문가들과 대안을 찾는 노력을 했지만 이제는 삶의 현장에서 기업인, 자영업자, 청년, 농민 등과 호흡하며 찾아보려 합니다.

부총리를 그만둔 뒤 아내와 전국을 다녔다. 백팩을 메고 기차와 버스를 타고 여러 곳을 다녔다. 첫째로는 사람

사는 모습을 보고 싶었다. 그동안 사무실과 책상에서 보던 시야를 삶의 현장으로 넓히고 싶었다. 둘째로는 공직 34년을 돌아보고 싶었다. 성찰하고 싶었다. 나는 무엇을 했는가. 내가 한 일은 무엇이고, 내가 하지 못한 일은 무엇일까. 내가 잘한 것은 무엇이고, 내가 잘못한 것은 무엇일까. 2년 넘게 전국을 다니면서 만난 수많은 이들의 삶에서 절박감이 묻어나왔다. 구례에서는 민박을 했고 상주에서는 좁은 땅콩주택에서, 가평에서는 숲속 통나무집에서, 논산에서는 김홍신 문학관에서, 거제와 여수, 서산에서는 어촌계 숙소에서 머물렀다.

젊은 시절의 나와 비슷한 처지에 놓인 절박한 청년들도 많이 만났다. 의정부에 있는 한 특성화고등학교에서 강연을 마쳤는데 고3 학생이 슬그머니 손편지를 전했다. 중3 때 아버지가 돌아가셔서 빨리 취업해 소녀가장 역할을 해야 하는데 취업이 쉽지 않다는 내용이었다. 가슴이 먹먹해졌다. 딱 그 나이 때의 내 모습이었다. 그래도 나는 상고를 졸업하고도 취직을 했고, 힘들었지만 공부할 기회를 얻었다. 그런데 경제규모도 수십 배나 커진 지금은 왜 그럴 수가 없는가.

"내일 문 닫으려니 손님이 더 많네요." 허탈하게 웃던 수제비집 사장도 만났다. 서울 공덕동에서였다. 차마 따라 웃지 못했다. 수제비를 좋아해 가끔 가는 맛집인데 폐업한다는 말을 듣고 점심도 먹고 주인분에게 인사도 할 겸 찾아갔다. 건물주가 바뀌면서 입점한 음식점에 나가라고 했다고한다. 식사를 마치고 '기운 내라'고 작별 인사를 나눴지만마음이 무거웠다. 자영업자의 깊은 한숨은 전국 어딜 가나다르지 않았다.

전남 보성에서 청년 농부들을 만났다. 전남뿐 아니라 경북, 대전 등지에서 온 젊은이들이었다. 딸기, 블루베리 등각자가 경작하는 작물에 대한 혁신을 주제로 대화를 나눴다. 브랜드, 마케팅, 가공 노하우 등 다양한 아이디어를 자기 일처럼 나눴다. 경북 예천에서는 사과 과수원을 하는 청년들과 농업혁신에 대한 토론을 했다. 절반은 귀농한 젊은이들이었다. 다양한 마케팅 방법, 사과 소비를 늘리기 위한아이디어들이 나왔다. 과수원에서 담배 피지 않기, 욕하지않기와 같은 다짐도 있었다. 진지함과 절실함이 느껴졌다.

어촌마을도 찾아갔다. 거제, 여수, 서산 그리고 통영 등여러 곳을 찾아 어민들, 어촌계원들을 만났다. 거제에서는새벽 정치망으로 멸치잡이를 하는 현장에 갔고, 여수에서는 늦은 밤 전어잡이 배를 타기도 했다. 서산 중왕어촌계에서는 아내와 뻘밭에 들어가 낙지도 잡아봤다. 통영에서는굴 양식에서 가장 애로인 굴 껍데기 처리 방안에 대한 고민도 나눴다. 이때 인연으로 나는 지금도 거제시 어촌계장협의회 명예고문을 맡고 있다.

소셜벤처를 경영하는 청년들과의 만남은 늘 유쾌했다. 비즈니스를 통해 다양한 사회 문제 해결에 노력하고 있는 혁신가들이다. 교통 약자의 이동의 자유를 위해 애쓰는 기업, 청각장애인을 고용해 택시 영업을 하는 기업, 폐차 가죽 시트로 가방을 만드는 기업, 현실 공간에서 가상현실 체험을 통해 지역경제를 활성화하는 기업 등이다. 다들 바탕은 혁신과 기업가정신이었다. 앞으로 가격과 품질 못지않게 가치가 소비를 결정할 것이라는 확신이 들었다.

살아있는 사람들을 만나면서 희망을 발견했다. 생각은 달라도 이해하려고 노력하고 서로 조금씩 양보하는 사람들이 있었다. 서로 협력하면서 상생하려는 의지와 실천도 보았다. 정치와 정책의 장에서는 보기 어려운 모습이었다. 각자의 영역에서 대화하고 타협하며 답을 찾는 우리 평범한 이웃들에게서 새로운 희망을 볼 수 있었다. 우리 사회 문제의 해답들을 제도권 정치가 아니라 '생활정치'에서 찾을 수 있겠다는 희망이었다. 위로부터가 아니라 아래로부터 솟구쳐 나오는 활력과 에너지를 느꼈다.

주민 312명에 불과한 작은 어촌인 여수 안포마을에 갔을 때는 전어잡이 철이었다. 늦은 밤 전어잡이 배를 타고 밤

바다로 나가기 전에 가진 주민들과 대화시간에 나왔던 이야기가 기억에 남았다. "전에는 나라가 국민을 걱정했는데 이제는 국민이 나라를 걱정합니다." 깜깜한 밤바다에서 전어 그물을 끌어 올리면서도 계속 이 말이 귓전을 맴돌았다.

절박한 삶의 모습은 도처에 있었다. 정책을 만들던 시절에도 현장의 여러 사례를 듣고 접하며 일을 한다고는 했지만, 이토록 절실하고 절박한 마음까지 느끼지 못했다. 지난 공직생활이 부끄럽기까지 했다. 부딪치고 느낀 문제들은 한두 해 사이에 불거진 것이 아니었다. 고용 없는 성장, 불평등과 양극화의 심화, 저출생, 사회적 정의와 공정 등 지금 회자되는 문제들은 모두 지난 20년 넘게 반복되어온 낡은 이슈들이다. 절박감이 들었다. 대한민국이 이대로 가서는 안 된다는 절실한 생각 때문이었다. 이 절박감과 절실함이 고민 속으로 나를 몰아넣었다. 대한민국호(號)는 어디를 향해, 어떻게 항해를 해야 할지.

충남 서산 중왕어촌계에서

4장

우리 정치를 바꾸는 반란

정치가 바뀌지 않으면 대한민국엔 희망이 없다. 우리 사회 모든 구조적인 문제 해결의 첫 열쇠는 정치다. 20대 대통령 선거판에서는 어떤 미래도 보이지 않았다. 승자독식 구조, 기득권 카르텔, 비전과 정책의 실종, 진흙탕 싸움. 이건 아니라고 생각했다. 분노가 나를 정치판으로 몰았다. 고향 읍사무소에서 단기필마로 대선 출마를 선언했다.

그 전에는 정치권의 오랜 권유를 모두 마다했다. 정치에 가슴이 뛰지 않았다. 국무총리 제의도 사양했다. 평생 만져보지 못한 연봉 제안을 고려조차 하지 않았다. 관직에도 거액의 돈에도 유혹을 느끼지 못했다. 그러나 긴 세월 공직을 수행한 이유였던 '사회 변화에 대한 기여'라는 가치는 나를 뿌리째 흔들었다. 무허가 판잣집 소년가장에서 경제부총리가 되기까지 모든 과정에서 사회에 진 빚에 대한 책임감도 나를 바닥에서부터 흔들었다.

짧은 정치 여정에서 큰 선거를 두 번 치렀다. 대통령 선거와 경기도 지사 선거. 한 번은 좌절했고 한 번은 극적인 승리를 거뒀다. 선거를 치르며 바닥에서 국민의 분노를 느꼈다. 정치는 분노를 먹고 산다. 국민의 분노는 임계점을 넘은 지 오래다. 한 사람 한 사람의 분노가 쌓이고 있다. 이대로 갈 수는 없다. 그렇게 응축된 분노는 언젠가 활화산처럼 터져 나올 것이고, 나는 내 역할을 해야 한다. 그러고 보니 정치는 유쾌한 반란의 종합판이다. 그래서 철들고 발견한 아버지 일기장의 첫 줄을 그대로 내 글로 옮긴다.

'이 몸은 정치에 불붙는다.'

제20대 대통령 선거 첫 유세 날 청계천 판자촌 터에서

거절한 백지수표

오래전부터 정치 참여를 권유받았다. 국장 때부터였다. 고향에서의 국회의원 출마 권유는 총선 때마다 여러 번 있었다. 나중에는 충북도지사 출마 권유도 받았다. 예산실장 때는 청와대 전·현직 정무수석들이 서울시장 출마 준비를 하라고 권유한 적도 있었다.

2014년 초 국무조정실장으로 있을 때다. 상사였던 전 기획예산처 변양균 장관에게 연락이 와서 만났다. 변 장관은 내게 두 가지 이야기를 했다. 국무조정실장 사직과 대선 준비. 대선에 나가야 하는 이유를 두 장짜리 문서까지 준비해서 상세히 설명했다. 초대 대통령부터 현직 대통령까지, 역대 대통령들이 우리 역사에서 한 역할과 한계 그리고 차기와 차차기 대통령의 자질에 대해 말했다. 구체적 준비 방법과 자신이 돕기 위해 할 역할까지 이야기했다. 하지만 나의 답은 간단했다. "국무조정실장 자리는 이미 사의를 표한 상태여서 같은 생각입니다. 두 번째 이야기는 말도 안 되는 말씀입니다."

같은 해 국무조정실장을 그만두고 양평에서 칩거할 때의 일이다. 교육부 전 차관이었던 한양대 김창경 교수로부터 계속 연락이 왔다. 자신과 인척인 김종인 박사가 나를 꼭 보고 싶어 한다는 전언이었다. 일면식도 없는 분이어서 몇 차례 거절했으나 결국 저녁을 먹게 됐다. 처음 만난 김종인 박사는 나에게 박근혜 정부에서 절대 다시 입각해서는 안 된다고 했다. 그러면서 독일의 2대 총리인 에르하르트(Ludwig Erhard)의 길을 가야 한다고 했다. 에르하르트는 나치 치하에서 나치 이후 독일 경제를 어떻게 재건할지 준비한 사람이었다. 발각되면 목숨을 잃을 수도 있는 위험한 일이었다. 전쟁이 끝나고 미 군정 때 소신껏 정책을 폈고 초대 총리인 아데나워(Konrad Adenauer) 밑에서 경제부총리를 지내면서 '라인강의 기적'을 만들었다. 그리고 아데나워에 이어 2대 총리가 되었다. 요컨대 대한민국 경제가 갈 길에 대한 준비를 하라는 것과 큰 뜻을 품으라는 내용이었다. 이번에도 내 대답은 분명했다. "입각 제안은 이미 거절했습니다. 앞으로도 거절할 것입니다. 그러나 아데나워의 길은 제게 과분한 이야기입니다."

2016년 아주대 총장을 할 때는 구체적인 제의를 받았다. 새누리당 비상대책위원장 자리였다. 새누리당 정책위원장이던 김광림 의원에게서 연락이 와서 자정 가까운 시각에 만났다. 당시 새누리당은 총선에서 대패하고 비상대책위원회를 꾸리고 있었다. 전권을 가진 비대위원장을 맡아달라는 얘기였다. 원내대표였던 정진석 의원 등 지도부의 제안이라고 했다. 김광림 의원과는 터놓고 이야기를 할 수 있는 사이여서 솔직히 내 심정을 이야기했다. "공식적으로는 총장 임기가 남아서 못 한다고 하십시오. 그렇지만 진짜 안 가는 이유는 그 당은 저와 추구하는 '가치'가 다르기 때문입니다." 김 의원은 '가치'를 언급하는 내 말을 잘 이해하지 못하는 것 같았다. "그러니까 김 총장이 들어와서 그걸 바꿔 달라는 거 아니요?" 정당이 추구하는 가치는 누구 한 사람 들어간다고 바뀌는 게 아니라고까지 했지만 사흘간 집요하게 나를 설득하려 했다. 며칠 뒤 광명에 있는 농장학교에서 강연을 하는데 정진석 대표가 직접 찾아오겠다고 연락이 왔다. 와도 헛걸음이 될 거라고 말렸다. 정 대표는 따로 손으로 쓴 쪽지까지 보냈다. "고단한 삶에 지친 국민들과 어려운 늪에 빠진 국가를 생각해 주십시오." 내 생각은 추호도 흔들리지 않았다.

경제부총리를 하면서는 소득주도성장을 놓고 청와대와 날카롭게 대립했기 때문에 야당에서 영입해 정치를 할 것이라는 이야기들을 많이 했다. 더군다나 2018년 11월 7일 국회 예결위에서 지금이 경제 위기가 아니냐는 의원의 질의에, "지금 상황은 경제적 위기라기보다는 정치적 의사결정의 위기입니다"라고 답했기 때문에 더욱 그랬다. 2018년 12월 부총리를 그만두면서 이임 기자회견을 할 때 기자들도 야당인 자유한국당으로 가는 것 아니냐며 물었다. 나는 한마디로 답을 했다.

"저는 문재인 정부의 초대 경제부총리입니다."

2019년에는 다음 해 있을 제21대 총선 출마 권유가 거셌다. 민주당 이해찬 당시 당대표로부터 연락이 와서 두 번 만났다. 원하는 지역이 어디든 좋다며 지역구 출마를 권했다. 그러면서 이 대표는 세종시를 추천했다. 선거 운동 할 필요 없이 무조건 당선되는 지역이니 지역구 선거는 신경 쓰지 말고 공동선대위원장으로 전국 선거를 지원해 달라는 것이었다. 지역구 출마를 원하지 않는다면 비례대표도 좋다고 했다. 홍영표, 도종환, 김종민 의원 등 개별 의원들도 여럿 찾아와 출마를 권했다. 이광재 의원, 양정철 전 비서관도 찾아왔다. 미래통합당 쪽에서도 연락이 왔다. 공관위원장을 맡고 있던 김형오 전 국회의장이었다. 일언지하에 거절했다. 비대위원장 제안 때와 마찬가지로 서로 갖고 있는 가치와 방향이 다르다고 했다.

2021년 박원순 시장의 유고로 치러진 서울시장 보궐선거 출마 제안도 거셌다. 2020년 12월 박영선 당시 중소벤처기업부 장관이 여러 차례 찾아왔다. 서울시장 선거에 출마해 달라는 것이었다. 자신보다 내가 나가야 이길 가능성이 높다고 했다. 당 지도부와도 다 이야기가 됐다며 강하게 나를 설득했다. 당시 당대표였던 이낙연 대표도 저녁을 하자며 만나 시장 출마를 권유했지만 모두 거절했다. 뜻밖에도 당시 국민의힘에서도 출마를 권유했다. 당시 김종인 박사가 비대위원장, 정진석 의원이 공관위원장이었다. 나와 가까운 인사를 통해 전해온 이야기는 당내 후보인 오세훈, 나경원 후보를 정리하고 안철수 후보와의 단일화에서 무조건 이긴다는 것이었다. 김종인 박사의 경우 내가 서울시장에 뜻이 없다는 걸 분명히 알고 있었을 텐데, 민주당 쪽에 가는 걸 막기 위한 견제가 아닌가 싶은 생각도 들었다.

20대 대선이 다가오면서 민주당과 국민의힘 양당에서 대선후보 경선에 참여해 달라는 요청이 들어왔다. 민주당은 몇 개 의원 그룹에서 권유를 했다. 국민의힘은 보다 적극적이었다. 탄핵 이후 대선, 지방 선거, 국회의원 선거까지 연달아 참패한 후였다. 윤석열 전 검찰총장보다 먼저 입당해 달라고 요청했다. 윤석열이 입당한 뒤에도 들어와 경선을 치르자고 했다. 전·현직 국회의원 30여 명이 기다리고 있다고도 했다. 당연히 거절했다. 여러 번 이야기한 것처럼 그 당과는 가치와 철학이 맞지 않았다. 그리고 나는 '문재인 정부 초대 부총리'였다. 그런 점에서 문재인 정부 시절 권력기관의 수장이었던 윤석열 전 검찰총장이나 최재형 전 감사원장이 옷을 벗고 바로 야당에 입당해 정치를 하는 것은 도저히 이해되지 않았다. 정치인 이전에 한 사람의 기본과 도리에도 어긋나는 행태였다.

"정치에 내 가슴이 뛰지 않습니다."

민주당 모 인사가 정치 참여를 권했을 때 내가 한 답이었다. 솔직한 대답이었다. 집요하게 나를 설득하려 했던 그 인사는 이 답을 듣더니 포기하겠다고 했다. 대신 앞으로 사회 선배로 모실 터이니 가끔 소주나 한잔 하자고 했다. 그러자고 했다. 그때는 몰랐다. 정치가 내 가슴을 뛰게 하는 순간이 코앞에 다가오고 있다는 것을.

출사표

경제부총리를 그만두고, 온갖 정치 참여 권유를 거절하면서도 내 머리에서 떠나지 않는 질문 세 가지가 있었다.

우리 사회의 진짜 문제는 무엇인가?
문제를 풀 해법은 무엇인가?
어떻게 하면 실천에 옮길 수 있는가?

답을 찾기 위해 많은 고민을 했다. 34년 공직에서 찾았다고 생각했던 답은 맞는 걸까. 못 찾은 답은 무엇일까. 2년 넘게 전국을 다니며 사람 사는 모습을 보고 몸으로 체험하면서도 줄곧 답을 찾았다. 고민한 내용들, 나름 찾은 답을 책에 담았다. 문제와 해법, 그리고 실천 방법을 정리하며 한 장 한 장 직접 썼다. 3년이 넘는 시간이 걸렸다.《대한민국 금기 깨기》가 그 책이다.

그러나 현실은 달랐다. 아무리 좋은 대안이나 아이디어를 낸들 아무 소용이 없었다. 정치권은 둘로 쪼개져 싸우는 실질적인 내전(內戰) 상태에 있었고 비전과 대안이 들어갈 틈이 없었다. 실질적 내전 상태는 '승자독식 구조'에서 비롯됐다. 이기면 다 갖고 지면 다 잃는다. 상대를 쓰러뜨려야 내가 이기는 구조여서 수단과 방법을 가리지 않는다. 기득권을 바탕으로 생사를 건 싸움을 벌인다. 정의와 정도(正道)는 사라진 지 오래고 품격도, 존중도, 배려도, 염치도 없다.

정치판에 화가 났다. 심혈을 기울였던 비전 2030 실천도, 부총리로 경제 패러다임을 바꾸려는 시도도 결국 정치가 가로막았다. 모든 경제·사회 문제 해결의 장이 바로 정치판인데, 거꾸로 정치가 대한민국 앞길을 가로막고 있는 형국은 여전했다. 대한민국 미래의 가장 큰 걸림돌이 되고 있다. 이 '내전' 속에서 한 발짝도 나아가지 못하고 문제의 해결은커녕 문제의 진원지가 되어 있었다.

지난 제20대 대선이 딱 그랬다. 대한민국의 미래 비전, 경제, 민생, 글로벌, 기후변화나 기술진보와 같은 새로운 도전에 대한 대처, 나와야 할 어젠다는 실종됐다. '처갓집 의혹', '대장동 사건'과 같은 주제가 난무하고 상대를 흠집내는 진흙탕 싸움만 치열했다. 더군다나 문재인 정부에서 검찰총장, 감사원장을 지냈던 인물들이 정권교체를 하겠다며 야당으로 들어갔다. 참으로 염치가 없는 일이었다.

분노가 치밀었다. 내 안에 거세게 요동치는 분노들. 그렇다. 정치판을 바꿔야 한다. 붕어빵틀 안에 아무리 좋은 밀가루 반죽을 넣은들 결국 붕어빵이 나올 터. 그 붕어빵'틀'을 바꿔야 한다고 생각했다. 붕어빵틀 안에 들어가는 밀가루가 되고 싶지 않았다. 기존 정치권의 권유를 거절한 이유다. 그 붕어빵'틀'에 대한 분노, 그 틀을 바꾸려는 열망이 결국 나를 정치의 장으로 밀어넣었다.

정치의 장으로 들어선 이유가 하나 더 있다. 끼니 걱정을 하던 소년, 판잣집과 천막집을 전전하던 열일곱 소년가장이 대한민국 경제를 총괄하는 부총리 자리에까지 올랐다. 빈주먹으로 시작해 과분하게 채워졌다. 내 능력이나 노력 때문이 아니다. 오롯이 우리 사회로부터 받은 혜택 덕분이다. 운이 좋았을 따름이다. 그 혜택과 행운을 모두 모아 사회에 환원하고 싶었다. 빈손으로 시작해 귀한 선물을 넘치게 받은 삶, 이제 헌신하다 다시 빈주먹으로 돌아가게 되어도 아무 여한이 없었다. 국회의원 배지나 자리, 권력, 돈은 내게 중요한 문제가 아니었다.

정치판에 대한 분노. 사회로부터 받은 혜택에 대한 보답. 이 두 가지가 나를 정치의 장으로 이끈 원동력이다. 정치를 통해 우리 사회를 완전히 바꾸고 싶었다. 승자독식 구조, 사회의 인센티브 시스템, 붕어빵틀 정치판. 정약용이 《경세유표(經世遺表)》 서문에 쓴 경고를 되새겨 모든 것을 바꾸고 싶었다.

이 나라는 털끝 하나 병들지 않은 것이 없다. 지금 당장 개혁하지 않으면 나라가 망하고 나서야 그칠 것이다.

2021년 6월 20일 명동성당에 봉사활동을 갔다. 정치부 기자들이 몰려들었다. 그들이 묻는 질문은 한결같았다. "대선 경선에 참여할 거냐? 어느 쪽이냐?" 그들 질문 역시 강고한 양당 구조에 갇혀 있었다. 명동성당 봉사 이후로 고민이 깊어졌다. 책 제목 《대한민국 금기 깨기》처럼 내가 깰 금기는 무엇인지 고민했다. 책에서 주장한 깨야 할 금기는 '기득권'이었고 무엇보다 실천을 강조했다. 그렇다면 기존의 정치판을 깨기 위해서는 기존의 기득권에 들어가서는 안 된다는 확신이 들었다. 그랬다. 우리 정치판을 뒤집는 반란을 시작하자. '유쾌한 반란'을 일으키자. 외롭고 험난해도 이 길을 가자. 내 선택은 대선 출마였다. 다른 것에 앞서 대선판의 어젠다부터 바꾸고 싶었다. 진흙탕 싸움의 장을 비전, 경제, 민생, 글로벌과 같은 이슈를 놓고 경쟁하는 장으로 만들고 싶었다. 단기필마여도 상관이 없었다.

다행히 그런 생각을 하는 건 나 혼자가 아니었다. 지난 2년여 전국을 다니면서 만났던 수많은 농민, 어민, 청년, 대학생, 취준생, 소상공인들이 있었다. 그분들이 실제 생활 속에서 보여준 생활정치는 여의도 정치권 수준을 뛰어넘었다. 서로 이해하고 협조하고 희생하고 양보하는 사람들. 그런 에너지를 모아내고 싶었다. 그분들과 함께하는 우리 정치의 변화를 나는 '아래로부터의 반란'이라고 불렀다. 승자독식 정치 구조를 깨기 위한 도전, 아래로부터의 반란을 위한 길을 가기로 마침내 결심했다. 그 길을 함께 갈 사람들을 모으는 것부터 시작했다.

출마 선언 장소로 고향의 읍사무소를 정했다. 주위에서는 출마 선언 장소로 상징적인 곳들을 추천했다. 정치의 전당 국회의사당, 경제전문가 이미지 부각을 위한 수출항이나 기업. 그러나 내 생각은 달랐다. 전격적으로 고향을 택했다. 첫째는 초심을 잃지 않고 싶어서였다. 공직생활을 처음 시작한 곳. 아버지로부터 대물림한 고향 사랑. 둘째는 젊은 아버지를 기리고 싶어서였다. 서슬이 퍼렇던 자유당 시절 민주주의를 위해 열정을 바쳤던 청년 민주당원. 그 험지에서 민주당 의원 당선에 열정을 바쳤지만 그 후에 젊은 아버지가 겪은 배신감과 좌절감을 기억하고 싶었다. 2021년 8월 20일 대선 출마를 선언한 충북 음성군 음성읍 행정복지센터에는 백 명 남짓한 지지자들이 함께해줬다. 프랑스 마크롱의 대통령 출마 선언이 기억났다. 그는 고향에서 불과 150명과 함께 출마를 선언했고, '전진(En Marche)'이라는 제3지대 정당을 창당해 승리했다.

정쟁만 남은 혼탁한 대선에 어젠다를 새로 세우자. 어떤 나라를 만들 것인지, 비전으로 경쟁하자. 국민이 먹고사는 문제는 어떻게 해결할 것인지, 경제 해법을 제시하자. 험난한 국제 환경 속에서 할 일은 무엇인지, 글로벌 이슈를 가지고 논쟁하자. 이런 내용들이 대선판의 이슈가 되도록 만드는 것이 1차 목표였다.

우리의 비전과 콘텐츠를 제시하기 시작했다. "기회가 강물처럼 흐르는 기회의 나라." 우리가 내세운 구호였다. 우리에게 '기회'의 반대말은 '기득권'이다. 대한민국은 정치, 권력기관, 재벌 등 기득권이 만든 둑이 국민 모두에게 돌아갈 기회를 가두고 있는 나라다. 기득권을 깨는 비전을 제시했다. 정치판 승자독식 구조 깨기가 가장 시급하다. 정치를 줄이고 권력을 나누자는 원칙. 분권형 대통령제로 권력 구조 개편. 국회의원 특권 배제와 선거법 개정. '청와대 정부' 관행 바꾸기. 중앙과 지방 역할 재정립. 권력기관에 대한 민주적 통제 강화. 재벌 개혁. 공직사회 개혁. 이런 과제들을 하나로 꿰는 공통점은 기득권 깨기였다.

이를 실천에 옮기는 방법으로 '아래로부터의 반란'을 주장했다. 시민참여 플랫폼 확산. 협치. 사회적 대타협. 솔루션 저널리즘으로의 언론 개혁. 그러나 우리의 주장과는 정반대로 혼탁한 대선판은 승자독식 기득권 정치의 정점으로 치닫고 있었다.

동영상 출마 선언문을 준비했다. 대한민국 미래에 대한 비전을 담고 싶었다. 거창하게 오프라인으로 준비할 자금도 없었지만, 국민들께 직접 내 목소리로 전하고 싶었다. 도와주던 홍보 전문가와 청년 자원봉사자 사이에 의견이 갈렸다. 청년들 손을 들어주고 야외에서 찍기로 했다. 그것도 하루 만에 만들기로 했다. 자원봉사자는 특성화고등학교 출신의 이십 대 청년 다섯 명이었다. 보수도 없었다. 내가 해준 거라고는 점심으로 햄버거를 하나씩 사준 것이 전부였다. 그나마도 촬영 시간에 쫓겨 밥 때를 넘긴 식어빠진 햄버거였다.

세 개의 키워드로 나 자신을 소개하며 시작했다. 공감, 실력, 비전이었다. "저에게는 공감이 있습니다." 가난했던 어린 시절을 이야기했다. "저에게는 실력이 있습니다." 국무조정실장과 경제부총리로 한 국정 운영 경험과 세계은행에서 쌓은 글로벌 경륜을 이야기했다. "저에겐 비전이 있습니다." 비전 2030 작업 등 대한민국 미래를 설계하고 실천에 옮긴 노력을 이야기했다. 촬영하다 울컥한 대목도 있었다. "저는 데모하는 대학생이 부러웠습니다. 저는 그저 살기에 바빴습니다." 그랬다. 직장생활을 하며 야간대학을 다닐 때, 대가족의 생계를 책임지고 있을 때, 민주주의를 외치며 데모하는 대학생들이 부러웠다. 그렇게 하지 못하는 처지가 서러웠다.

영상 마지막에 어린이들이 등장하는 장면도 기억에 남는다. 경복궁에서 '대한민국의 미래'를 이야기할 때였다. 마치 연출이라도 한 듯 아이들 몇 명이 내 뒤로 뛰어가는 장면이 우연히도 잡혔다. 내용과 너무나도 잘 맞는 장면이 연출 없이 만들어졌다. 보이지 않는 손이 도와주고 있나 하는 생각도 들었다. 분장도 제대로 못 했고, 써놓은 원고도 없이 내 마음을 이야기했다. 그래서 더욱 내 진심이 담겨져 있다.

"국민 여러분, 저는 제20대 대통령 선거에 출마합니다. 대한민국을 '기득권 공화국'에서 '기회 공화국'으로 완전히 바꿔야 합니다. 기득권만 해소해도 더 많은 기회, 더 고른 기회가 만들어집니다. 수저 색깔로 인생이 결정되지 않는 나라가 만들어질 것입니다. (중략) '기회 공화국'으로 만들기 위해 정치 스타트업을 창업합니다. 조직도,

돈도, 세력도 없지만 정치판의 기존 세력과 맞서는 스타트업을 시작합니다. 정치판을 바꾸고 정치세력을 교체하기 위해서입니다. '아래로부터의 반란'으로 새로운 10년, 조용한 혁명을 이루겠습니다."

나는 그 동영상*이 마음에 들어 지금도 가끔 본다. 대한민국을 '기득권 공화국'에서 '기회 공화국'으로 바꾸자고 했다. 정치세력 교체를 위한 '아래로부터의 반란'을 외쳤다. 그때 내가 가졌던 절박함이 다시 떠오른다. 많은 분들이 그 동영상을 한번 보면 좋겠다. 동영상을 찍었던 청년들이 나중에 촬영 뒷이야기**를 유튜브에 올려놨다. 그걸 보면 지금도 어제 일처럼 생생하다. 그때의 초심을 언제까지고 잃지 않겠다.

출마 선언문 영상을 9월 8일 인터넷에 올렸다. 오전 9시에 영상을 올리고 현충원에 갔다. 일기예보에도 비가 온다고 했고 가는 길에도 계속 비가 왔는데, 현충원에 도착하니 비가 딱 그쳤다. 참배를 마치고 나오니 다시 비가 내리기 시작했다. 참 희한한 일이었다.

정치 스타트업

단기필마였다. 출마 선언문에서 밝혔듯이 정치 스타트업을 창업했다. 시작할 때 옆에서 도와주는 사람은 10여 명에 불과했다. 명망가나 이름 알려진 사람은 없었다. 기존 정치인은 아예 없었다. 같은 꿈을 꾸는 사람, 그 길을 같이 걸을 열정과 능력이 있는 사람이냐가 중요했다. 세상에 알려진 이름은 중요하지 않았다. 한쪽 진영에 치우치지 않는 사람들이 모였다. 청년들 그리고 기존 정치를 경험하지 않은 사람들이 대부분이었다. 이념이나 진영이 우선인 사람은 없었다. 간혹 기존 정치에 참여했던 사람들이 어쩌다 합류하더라도 캠프 분위기와 맞지 않아 자연스럽게 떠났다. 나를 포함해서, 다들 선거는 처음 경험하는 아마추어들이었다. 의기와 열정은 넘쳤지만 모든 게 부족했다. 전문성, 전략, 사람, 조직, 자금, 시간. 모든 것이 다.

무소속 후보에게는 정당 후보와 달리 국가 보조금은 한

푼도 지원되지 않았다. 예비후보 등록을 하고서야 후원금을 모을 수 있었다. 2021년 9월 16일 0시에 시작된 모금에서 첫날 12억 원이 모였다. 하루 후원금으로는 민주당 이재명, 이낙연 후보보다 큰 금액이었다. 정당도 없는 후보로는 놀라운 일이었다.

캠프는 작을 수밖에 없었다. 영등포에 둥지를 튼 캠프는 한 층의 절반도 차지하지 못했다. 스타트업에는 사장실이 따로 없거나, 있어도 작은 경우가 많다. 처음에는 후보 방을 따로 만들지 않았다가 나중에 조그맣게 만들었다. 이제껏 내가 썼던 어떤 사무실보다 작았다. 작은 테이블 하나, 네 명이 들어와 앉으면 꽉 찼다. 바로 옆방 회의실도 좁아서 참석자가 많으면 문을 열고 바깥에까지 보조 의자를 갖다 놓고 토론하곤 했다. 회의가 길어지면 피자를 시켜 먹으면서 토론하기도 했고 화이트보드에 생각을 정리하기도 했다. 후보인 나부터 내 생각을 꺼내고 다른 생각을 경청했다. 늦은 밤까지 영상을 편집해야 했던 청년 자원봉사자들은 편한 옷차림에 컵라면을 먹으며 일했다.

캠프는 아침부터 분주했다. 여기저기서 수시로 토론이 벌어지고 갑자기 잡힌 일정을 준비하느라 뛰어다니기도 했다. 말 그대로 막 창업한 스타트업의 모습 그대로였다. 그래도 캠프에 출근하면 모두들 활짝 웃으며 아침 인사를 건넸다. '어려울 때 함께 고생한 아내'란 뜻의 '조강지처'에서 '조(糟)', '강(糠)' 두 자는 모두 쌀 '미(米)' 변을 쓴다. '제대로 먹을 게 없어 지게미와 쌀겨로 끼니를 이을 때의 아내'란 뜻이다. 맨주먹, 단기필마로 대선 출마를 선언할 때 함께한 동지들이 그렇게 함께 고생했다. 진심으로 고마웠다. 그들에게 보답하는 길은 끝까지 함께하며 같이 꾸는 꿈을 이루는 것이다. 대부분은 이번 대선 캠프에서 처음 만난 사람들이었지만 오랜 동료처럼 소통하며 움직였다. 작은 캠프를 빛나는 눈빛으로 가득 채워주었던 모든 분께 다시 한번 감사의 마음을 전한다.

후보인 나부터가 선거는 처음이었다. 적은 인원이 전략, 정책, 홍보, 공보, 비서실 등 여러 일을 겹치기로 수행했다. 부서 칸막이도 없이 함께 머리를 맞댔다. 규모는 작아도 대선 캠프여서 전국을 무대로 활동해야 했다. 새로운 발상과 파격이 필요했다. 먼저 온라인 활동을 강화했다. 페이스북 등 소셜 미디어를 적극 활용했다. 후보 일정, 정책, 현안에 대한 목소리, 선거 운동 소회 등 다양하게 올리기 시작했다. 젊은 층이 많이 이용하는 인스타그램에는 비교적 가벼운 내용을 전했다. 다양한 유튜브 영상도 올렸다. 아주대 총장 시절 청년세대와 적극 소통한 것이 크게 도움이 됐다.

기존 미디어로부터는 외면당했다. 언제나 거대 양당 후

보의 네거티브 경쟁이 주요 뉴스였다. 기존 미디어보다는 다양한 유튜브 채널에서 시청자들을 만나는 전략을 썼다. 경제, 주식, 공부, 스포츠, 채식, 먹방 등 취지에 공감하는 채널이라면 어디든 찾아갔다. 야구 유튜브 '썩코치의 야구쑈'에 출연했던 것이 기억에 남는다. 야구를 무척 좋아하기 때문에 방송하면서도 즐겼다. 선수 출신 크리에이터와 야구 이야기를 나누고 직접 투구 동작을 배우기도 했다. '공부의 신, 강성태', '삼프로TV', '초식마녀', '야식이' 등 다양한 채널에 출연했다.

온라인에서만 활동했던 건 아니다. 주로 젊음의 거리를 찾아 유권자들을 만났다. 언론에서 주목하지 않는 무소속 예비후보였지만 젊은이들과의 소통에는 가장 적극적이었다. 그들이 바라는 우리 사회의 모습을 더 가까이서 듣고 싶었고, 그들에게 변화의 희망을 보여주고 싶었다.

크리스마스이브, 전국에 한파가 몰아닥쳤다. 그 추위 속에 아내와 캠프 멤버들과 함께 여의도 국회의사당으로 향했다. 붕어빵을 만들어 파는 이벤트를 하기 위해서였다. 나는 자주 한국 정치판을 '붕어빵틀'에 비유하면서 정치교체를 주장한다. 아무리 새롭고 좋은 밀가루 반죽을 써도 붕어빵틀에 부으면 결국 똑같은 붕어빵이 나올 뿐이다. 이제는 정말 판을 바꿔야 한다. 붕어빵 이벤트는 그 메시지를 보여주는 퍼포먼스였다. 추운 날씨에 바람까지 매서웠다. 천막은 바람에 펄럭거렸고, 뜨거운 붕어빵틀 앞에 섰는데도 덜덜 떨릴 정도였다. 날짜로 보나, 날씨로 보나, 위치로 보나 행인이 많을 수는 없었다. 붕어빵을 사러 온 분들은 온라인에 공지된 일정을 보고 일부러 찾아온 분들이었다.

밤이 깊어 가면서 천막은 더 세차게 흔들렸다. 양당 정치, 승자독식 구조라는 '붕어빵'을 대한민국 정치의 상징, 국회의사당 정문 앞에서 찍어냈다. 붕어빵으로 상징되는 한국 정치는 문제였지만 붕어빵은 맛있었다.

"후보님, 절대 포기하지 말고 완주해주세요."

"인스타 공지 보고 왔어요. 부총리님 추운데 고생이 너무 많으시네요."

"같이 셀카 찍어도 될까요?"

많은 분들이 따뜻한 격려의 덕담을 던졌다. 아내는 연신 천막 밖 사람들에게 손짓하며 '호객'을 했다. "많이 춥지요? 잠깐 몸 좀 녹이세요." 붕어빵을 받아 쥔 손님들도, 함께한 캠프 멤버들도 늦게까지 자리를 떠나지 않았다. 붕어빵 값은 따로 정하지 않았다. 알아서 통에 넣으면 그만이었다. 천 원짜리를 넣는 분도, 오만 원짜리를 넣는 분도 있었다. 짧은 시간 영업에 비하면 제법 많은 돈이 모였다. 그 돈은 모두 불우이웃 시설에 기부했다. 잊지 못할 밤이었다.

지금도 똑같은 마음이다. 붕어빵틀과 같은 정치판 자체를 바꿔야 한다. 어떤 밀가루 반죽이 새로 들어가도 틀을 바꾸지 않는 한 변하는 것은 하나도 없다. 그 길을 위해 한결같은 마음으로 매진할 따름이다.

'새로운 물결'

역대급 비호감 선거. 20대 대선 당시 언론의 평가였다. 비전, 경제, 글로벌과 같은 주제나 정책 콘텐츠는 찾아볼 수 없었다. 상대방에 대한 원색적인 비난과 흑색선전, 진흙탕 싸움만 남았다. 흠잡기 싸움이 거세질수록 흠결 있는 후보만 주목받는 정말 이상한 선거였다. 대선 어젠다를 바꾸는 것이 내가 출마한 1차 목표였지만, 비전과 콘텐츠로 경쟁하자는 무소속 후보의 외침은 관심 밖이었다. 어쩌다 언론에 출연해도 양당 후보를 어떻게 보는지, 그래서 어느 당과 손을 잡을 건지에만 관심이 쏠렸다. 새로운 전략이 필요했다. 승자독식 구조에 맞서는 결기, 끝까지 완주하겠다는 의지를 보여줘야 할 때였다. 우리의 선택은 '창당'이었다.

우리 정치 시스템에서 창당은 쉬운 일이 아니다. 법적으로 5개 이상 광역시·도에 지구당을 만들어야 한다. 그를 위해 지구당별로 100명의 발기인과 1,000명의 당원을 모집해야 한다. 갓 시작한 정치 스타트업에겐 높은 진입장벽이다. 대한민국에서 가장 진입장벽이 높은 시장이 바로 '정치시장'이란 걸 온몸으로 확인했다. 스타트업이 아무리 좋은 상품을 내놔도 기존 대기업의 장벽이 높으면 시장진입이 어렵다. 그동안 창당을 한 대부분의 정당은 기존 정치인들의 이합집산을 통해 만들어졌다. 강고한 양당 구조와 양당 후보들에 넌더리를 내는 시민들을 거리에서 수없이 만났다. 이대로 포기할 수는 없었다. 전열을 새롭게 가다듬어야 한다는 절박감은 새로운 정당의 창당으로 이어졌다.

내가 주장한 '아래로부터의 반란'을 실천에 옮기고 싶었다. 모임 '아반떼'가 만들어졌다. '아래로부터 반란을 일으키는 무리(떼)'라는 뜻이다. 마침 아반떼(Avante)는 스페인어로 '앞으로', '전진'이라는 뜻이기도 하다. 경제부총리를 그만두고 전국 각지를 돌며 만난 분들이 자발적으로 구성한 모임이다. 회원들은 농민, 어민, 자영업자 등 평범한 우리 이웃들이다. 밀양, 거제, 여수, 부산, 순천, 진천, 청주, 음성 등 각지에서 자기 일처럼 나서서 응원해주신 분들이다. '아반떼' 분들 덕분에 어딜 가도 외롭지 않았다. 창당 과정에서도 '아래로부터의 반란'이라는 원칙을 지키기로 했다. 명망가나 기존 정치인이 아니라 평범한 이웃들과 함께 시작했다. 34세의 벤처창업가, 사과 농사를 짓는 농업인, 32세의 여성 귀농인, 공고와 방통대를 졸업한 변호사, 치과의사, 대학교수 등이 지역 창당준비위원장, 지역당위원장을 맡아 주도적인 역할을 했다. 정치권을 기웃거리던 사람은 아예 없었다. 조직을 동원하거나 이름을 빌리는 구태도 없었다. 우리 정치가 반드시 바뀌어야 한다고 믿는 평범한 사람들의 힘을 모았다. 우리 정치를 바꾼다는 희망을 만들고 싶었다.

10월 24일 창당발기인 대회로 도전을 시작했다. 당명은 '새로운물결', 약칭으로는 '새물결'이라 부르기로 정했다. 국회의원 한 명 없는 제3지대 정당의 창당발기인대회에 거대 양당 대표가 총출동했다. 더불어민주당 송영길 당대표와 국민의힘 이준석 당대표는 축사에서 서로 자기 편이라며 노골적인 러브콜을 보냈다. 김종인 박사도 "일론 머스크와 같은 사람이 세상을 바꾼다"며 정치 스타트업을 응원했다. 창당준비위원장으로서 나는 거대 양당 대표 앞에서 "우리는 우리 길을 간다"고 선언했다. 기존의 강고한 양당 구조로는 대한민국의 묵은 문제를 해결할 수 없다고 일갈(一喝)했다. 그러면서 흠집내기 싸움이 아니라 비전과 콘텐츠로 승부하자고 주장했다.

창당발기인대회를 시작으로 지구당 창당이 시작됐다. 11월 28일 부산과 경남지구당을 시작으로 충북, 충남, 경기, 대전, 세종, 서울, 인천, 전북, 광주, 전남, 강원 등 13개 지구당을 창당했다. 12월 19일 창당 선언을 한 지 채 두 달도 되지 않아 중앙당을 창당하고도 지구당 창당을 멈추지 않았다. 당원 수는 2만 명을 훌쩍 넘겼다. 대한민국 정치사에 유래없이 빠르고 원칙을 지킨 창당이었다.

'새로운물결'은 선거 운동도 독특했다. 기존 정당과 완전히 달랐다. 투명하고, 깨끗하고, 울림 있는 선거 운동을 표방했다. 순수한 법정 후원금만으로 치르는 '투명한 선거', 쓰고 버려지는 선거 운동 물품을 줄여 최소 쓰레기(minimum waste)로 치르는 '깨끗한 선거', 대형 유세차 없이 국민 곁에서 경청하고 소통하는 '울림 있는 선거'였다. 이를 위해 유세차도 없이 대중교통으로 이동하면서 시민들을 만났다. 여의도 국회 앞에서 공약을 발표한 후 지하철로 이동해 노량진 공시생 청년들을 만나고 인근 사육신묘 근처를 함께 걸으며 쓰레기를 줍는 '줍깅'*을 하는 식이었다. "제 신발이 저의 유세차입니다." 대중교통을 이용하는 친환경 선거 운동을 하면서 외친 구호다. 큰 소리로 사람들의 이목을 끄는 스피커와 유세차는 없었지만, 시민들과 소통하는 의미 있는 선거 운동이었다.

---

* **줍깅** 걷거나 조깅을 하면서 길가의 쓰레기를 수거하는 활동을 뜻한다.

정책 공약에도 공을 들였다. 모든 공약은 '기득권 깨기'로 일관됐다. 다른 말로 하면 우리 사회의 '인센티브 시스템'의 개혁이다. 1호 공약 제목은 '공무원 기득권 깨기—철밥통 깨기'였다. 캠프 내에서는 고시 출신 공무원이었던 내가 누워서 침 뱉는 격이라며 반대도 있었다. 공무원 노조가 반발하는 등 찬반양론이 거셌다. 공무원 표 잃는 소리가 들린다는 얘기도 나왔다. 하지만 대한민국을 변화시키려면 공무원부터 변해야 된다고 생각했다. 자기 자리에서 헌신한 대다수 공무원이 솔선하면 대한민국이 바뀔 것이라는 믿음이 있었다. 누구보다 더 공직사회의 급소를 꿰뚫고 있는 내가 나서야 한다는 생각도 있었다.

대통령의 과도한 권한 축소, 선거법 개정, 국회의원 3선 초과 연임 금지 등 정치권 개혁 공약. 편법상속과 일감 몰아주기 등을 막는 재벌 개혁 공약. 공공기관 전관예우 없애기 공약 등 우리 사회 기득권을 깨는 공약들이 뒤를 이었다. 특히 '청년 5대 권리장전'이라는 이름으로 발표한 청년정책에 많은 공을 들였다. 캠프 안팎 청년들이 참여해 치열한 토론을 벌였다. 안전권, 주거권, 노동권, 자기계발권, 정책참여권 등 다섯 개 청년 핵심 권리를 명시했다.

창당 후 민생당으로부터 합당 제안이 있었다. 민생당은 직전 전국 선거에서 3% 이상 득표한 정당이었다. 합당을 하게 되면 전국 선거 득표율 때문에 나도 대선후보 TV토론에 참가할 수 있었다. 솔직히 말하자면 TV토론에 나가고 싶었다. 대선판에 새로운 어젠다를 제시하기 위한 가장 좋은 방법이었다. 캠프에서는 내가 TV토론만 나가면 거대 양당 후보를 압도할 수 있을 거라는 기대를 가지고 있었다. 또한 민생당은 국가 보조금으로 받은 돈이 50억가량 있다는 이야기를 하면서, 합당하면 당 명칭, 당대표, 대선후보 모두 양보하겠다는 파격적인 제안을 했다. 하지만 깊은 고민 없이 바로 거절했다. 우리가 추구하는 가치와 철학을 버릴 수 없었고 원칙도 포기하고 싶지 않았다. 또 한 번은 미래당에서 연락이 와 핵심 청년 멤버 열댓 명과 장시간 토론을 했다. 나와의 토론 후 미래당은 내부 격론을 거친 뒤, 합당은 아니지만 우리를 돕기로 결정하고 캠프에 합류했다.

대통령 선거 공식 선거 운동이 시작됐다. 내게 주어진 기호는 9번이었다. 정당 후보들에게 앞 번호를 부여한 뒤 무소속 후보에게는 뒤 번호를 주기 때문에 받은 기호였다. 기분이 좋았다. '기호 9번 새로운물결' 후보. 대한민국 경제를 '구(9)'하는 '구(9)'원 투수. 선거 포스터의 사진은 전혀 분장하지 않은 맨얼굴 그대로 찍은 것으로 했고, 대표 구호는 '품격 있는 경제대통령'으로 정했다. 선거 운동이 시작되는 2월 14일 자정 첫 선거 유세 장소로 동대문 두타 쇼핑몰 앞을 정했다. 내가 다녔던 덕수상고가 있던 곳이었다.

추운 자정 시간, '새물결'을 상징하는 목도리를 두른 선거 운동원들과 지지자들이 하나둘씩 모였다. 몹시 추웠다. 생각지도 못한 반가운 얼굴들이 보였다. 아주대 총장 시절 '애프터유' 프로그램에 참여했다는 타 대학 출신 청년이 일부러 첫 번째 선거 운동에 와주었다. 고등학교 2학년 때 담임이셨던 이경복 선생님께서 노구를 이끌고 오셨다. 팔순을 바라보는 나이에 한겨울 추위를 뚫고 찾아오셨다. 선생님은 예의 카랑카랑한 목소리로 구호를 선창해주셨다. 국어 교사 출신답게 말씀도 좋으셨다. 쩌렁쩌렁한 선생님의 목소리가 새벽 동대문 상가를 울렸다.

"나비의 작은 날갯짓 하나가 태풍의 진로를 바꾼다!"
"김동연의 작은 날갯짓 하나가 대한민국의 진로를 바꾼다!"

'새로운물결'은 아직 살아있다. 기득권을 깨겠다는 다짐, 승자독식 정치 구조를 바꾸겠다는 각오, 위로부터의 견인이 아니라 아래로부터의 반란을 일으키겠다는 열정이 그대로이기 때문이다. '새로운물결' 창당 과정에서도, 후원금으로 깨끗하게 치른 선거 운동에서도, 최소 쓰레기와 메타

버스 창당대회 등 새로운 시도를 했던 모든 과정에서도 초심은 끝까지 변하지 않았다. 낡은 정치의 벽은 높고 단단했지만 아무도 포기할 생각이 없었다. 모두 우리 정치를 바꾸겠다는 열정으로 뭉친 사람들 덕분이었다. 그것이 '새로운 물결'이었다.

이재명 후보와의 약속

　이재명, 윤석열 후보에게 일대일 토론을 제의했다. 내가 만들고 싶은 나라, 펴고 싶은 정책을 놓고 치열하게 토론해 보자는 제안이었다. 윤석열 후보는 끝까지 답이 없었고 이재명 후보는 응했다. 2022년 2월 2일 투표일을 한 달 남짓 앞둔 가운데 제20대 대통령 선거 최초의 후보자 정책 토론회가 열렸다. TV 방송이 아닌 CBS 보이는 라디오 방송이었다. 90분이라는 짧은 시간도, 라디오라는 매체의 한계도 아쉬웠지만, 수십만 유권자들이 유튜브를 통해 정책 대결에 대한 목마름을 풀 수 있었다. 네거티브나 상호 비방도 없었고 외교, 경제, 복지 등 주요 분야별 토론이 이뤄졌다. 당시 언론과 인터넷 여론은 정책 선거의 가능성을 보여준 후보자 토론의 모범이라고 평가했다.

　문제는 지지율 정체였다. 한국 정치는 완강한 양당 구조에 꽉 막혀 있었다. 내 목표는 후보 간 TV 토론회에 나갈 수

제20대 대선 최초의 대선후보 정책토론회

있는 기준인 지지율 5%였다. 전 국민이 보는 공개토론회만 나가도 옥석 가리기가 되고 상황이 바뀔 수 있다고 생각했다. 나중에는 지지율 3%로 목표를 낮추고 그 정도면 끝까지 완주하겠다고 생각했다. 대선 어젠다만 바꿀 수 있다면 완주해서 처절하게 깨져도 상관없다고 생각했다. 하지만 진흙탕 싸움이 길어질수록 지지율도 양당 후보로 갈라져 결집하는 양상이 나타났다. 내 지지율은 1%대로 내려가 회복될 기미가 보이지 않았다. 군소 후보로서 명맥만 유지하는 수준이었다.

한 치 앞을 알 수 없는 접전 상황에서 양대 후보 쪽에서 연대 요청이 왔다. 처음에는 무시했다. 정치판 승자독식 구조를 깨자는 당초의 기치, 역대급 비호감 후보들을 생각할 때 끝까지 가고 싶었다. 하지만 갈수록 상황이 어려워졌다. 깊은 고민이 시작됐다. 나는 왜 정치를 시작했는가. 내 초심은 무엇인가. 어떻게 하면 정치판을 바꾸고 국민통합을 이루어낼 수 있을까. 내가 하고 싶은 일들에 우선순위를 매긴다면 가장 앞에 둘 것은 어떤 것들인가.

그러면서 가장 중요한 것을 다섯 개로 정리해봤다. 우선 정치판을 바꾸는 일 두 가지를 맨 앞에 두었다. 쉽게 할 수 없는 것, 받아들이기 힘든 것이어야 했다. 첫째는 권력 구조 개편이었다. 4년 중임제 분권형 대통령제와 책임총리제를 골자로 한 개헌이었다. 둘째는 정치개혁이었다. 승자독식을 깨기 위한 국회의원 선거법 개정, 국회의원 특권 내려놓기, 국민소환제, 정치자금 개혁 등이었다. 이어 셋째가 경제 특히 부동산 문제 해결, 네 번째가 교육개혁의 틀 마련, 마지막으로 후보 간 공통 공약 추진에 대한 약속이었다. 이것들이 실천에 옮겨진다면 국민통합의 큰 초석을 놓으리라 생각했다.

더 중요한 것은 실천에 대한 담보였다. 구두 선언에 그치지 않도록 실천 방법과 시간표까지 만들었다. 분권형 4년 중임제 개헌을 위해서는 임기 1년 단축이 필요했다. 2026년 다음 지방 선거 때 대선을 함께 치르기 위해서다. 임기를 1년 줄이겠다는 약속이 결국 연대의 전제가 됐다. 정치개혁을 위해서는 국회법, 선거법, 정치자금법 등의 개정이 필요했다. 대선에서 당선되면 인수위 2개월 동안 법개정안을 만들어 국회에 법안 발의를 하자는 구체적인 실천 계획을 만들었다. 그렇게 연대를 원하는 후보에게 제시할 합의안을 만들었다. 합의문 제목은 가장 중요하게 생각하는 두 단어를 넣었다. '정치교체'와 '국민통합'이었다.

애초에 윤석열 후보는 만날 생각이 없었다. 아무런 기대도, 관심도 없었다. 그러던 어느 날 새벽 6시경 김광림 전 의원에게 전화가 왔다. 그전부터 몇 번이나 윤 후보를 만나자

는 걸 거절한 상태였다. "김 부총리, 윤 후보 한 번만 만나도
~." 평소에 내게 반말도, 사투리도 잘 쓰지 않는 분이다. 김
의원과는 목소리만 들어도 속마음을 어느 정도 짐작하는
사이었다. 정말 다급할 때 내게 쓰는 말투였다. 잠시 침묵했
다. 만나겠다고 했다. 김 의원과의 의리 때문이었다. 이렇게
까지 얘기하는데 뭔가 사연이 있다고 생각했다. 그러나 분
명히 이야기했다. "만나기는 하겠지만 함께 말 섞기는 어려
울 것 같다. 듣기만 하겠다. 어떤 결과도 기대하지 마시라.
그리고 철저하게 보안을 유지해 달라."

2월 24일 윤석열 후보를 만났다. 식당에 들어가는 입구
까지 다르게 동선을 짰다. 1시간 40분을 만났지만 예상대
로 실망이 컸다. 첫 마디가 "선배님, 같이하십시다"였다. 나
는 답을 하지 않고 "윤 후보는 정치를 왜 시작했습니까?"라
고 물어봤다. 대답이 길고 장황했는데 내용이 없었다. '경
제에 법치주의를 넣어야 한다'는 요지가 하도 특이해서 기
억에 남았을 뿐이다. 윤 후보는 90% 가까이 혼자 얘기했다.
내 제안들에 대해서는 "그건 들어와서 생각해보시고요"라
며 말을 돌렸다. 이어 "부총리까지 하셨으니까 국무총리에
는 관심이 없으실 것 같고. 서울에는 오세훈이 있으니까 경
기도에서 출마하시지요. 무조건 필승입니다. 그리고 당을
개혁해야 되겠는데 들어와서 당을 접수해주십시오." 한 마

디 빼거나 보탬 없이 윤석열 후보가 했던 말 그대로다. 애초에 어떤 기대도 없었지만 불쾌했다. 정치개혁이나 국민통합에는 관심이 없고 자리를 제안하는 것도 불쾌했다. '아, 이 사람은 이런 사람이구나!' 어떤 사람인지 알게 된 만남이었다. 윤 후보 측에서는 철저히 비공개하기로 한 만남을 언론에 공개하기까지 했다.

이재명 후보 측에서도 요청이 왔다. 세 번 만났다. 첫 번째는 2월 9일 둘이 아침을 먹으면서 이야기했다. 이 후보는 내가 제시한 다섯 가지를 백 퍼센트 수용했다. 진의가 궁금해서 물어봤다. 내 제안들을 한마디로 요약하면 '기득권 깨기'다. 이 후보나 나나 젊었을 때는 고생하며 힘들게 살았지만 기득권에 편입된 지 오래다. 특히 이 후보는 집권 여당의 대선후보로 기득권 중에서도 기득권이다. 왜 이걸 하려고 하느냐. 이재명 후보의 답은 논리적이었다. 이제까지 정치하면서 주류에 속한 적이 없다. 늘 변방에 있었다. 나도 기득권을 깨고 싶다.

두 번째 만남은 2월 26일 밤 10시 영등포에 있는 '새로운 물결' 당사로 이 후보가 찾아와 이루어졌다. 첫 번째 만남과 비슷하게 이 후보는 내 주장을 다 수용하겠다는 의지를 다시 보였다. 뜻이 같다니 반갑기는 했다. 그러나 사람에 대한 신뢰는 별개 문제였다. 도통 알 수가 없었다. 공직에 있으면서 스스로 사람 보는 눈이 제법 있다고 생각했는데, 정치를 시작하고는 자신이 없어졌다. 다시 질문을 던졌다. "저는 제가 추구하는 가치와 사람 사이의 신뢰가 중요하다고 생각합니다. 이 후보는 가장 중요하게 생각하는 게 뭡니까?" 이 후보는 '국민'과 '역사'라고 이야기했다. 나중에 이 이야기를 들은 문희상 전 국회의장은 껄껄 웃으며 이야기했다. "그거 김대중 대통령께서 하신 말씀이에요." 그러면서 방에 걸린 액자를 가리켰다. 김대중 대통령 말씀을 쓴 글씨였다. '나는 마지막까지 歷史(역사)와 國民(국민)을 믿었다.' 문 전 의장은 더 많은 정치인들이 김대중 정신을 말하고 제대로 실천하면 좋겠다면서 그 글이 적힌 족자를 한 부 선물로 주셨다. 그때 받은 김대중 대통령의 말씀은 지금도 내 사무실에 걸어두고 있다.

이재명 후보가 떠나고 자정이 가까운 시간에 이준석 당시 국민의힘 당대표가 불쑥 찾아왔다. 이준석 대표는 김광림 의원 지역구인 안동에서 같이 저녁을 먹다가 김 의원을 통해서 연락을 해왔다. 당사로 찾아오겠다는 걸 오지 말라고 했는데 기차를 타고 왔다며 들이닥쳤다. 조금 취한 모습이었다. 뜻밖의 이야기를 했다. "윤석열 후보에게서 실패한 대통령의 모습을 봅니다. 박근혜 대통령 데자뷰입니다. 김 후보님이 옆에 계셔주시면 국정 운영이 안심이 될 것입니다." 같이해 달라고 매달렸다. 한마디로 거절하면서 이야기했다. 항간에는 윤석열이 되면 이준석 당대표부터 친다는 말이 들린다고. "저도 알고 있습니다"라고 대답했던 게 기억에 남는다. 결국 이준석 대표가 한 말, 내가 한 말은 모두 사실이 되고 말았다. 2월 26일 밤 10시부터 다음 날 새벽 2시 사이에 벌어진 일이다.

이재명 후보를 세 번째 만난 건 3월 1일이었다. 오후에 마포 공덕동 로터리에서 선거 유세를 하는 중에 이재명 후보 측에서 연락이 왔다. '지금 만나자. 공덕동으로 가겠다.' 급하게 섭외한 인근의 작은 카페는 갑자기 몰려든 기자들로 빽빽하게 둘러싸여 있었다. 이재명 후보와 다시 마주 앉았다. 그리고 이번엔 손을 잡았다. 반드시 선거에서 이겨 대한민국 정치의 판을 바꾸자고 약속했다. 이재명 후보와의 세 번의 만남 모두 윤석열 후보와의 만남과는 달리, 함께하는 개인적인 조건에 대해서는 단 한마디도 나눈 적이 없다. 일관되게 정치교체와 국민통합에 초점을 맞추었다.

정치교체와 국민통합을 위한 공동선언 ────

대한민국이 처한 총체적 위기를 극복하는 첫걸음은 '정치교체'이다. 무조건적인 '정권교체'나 '정권연장'으로는 지금의 구조적 문제들을 해결할 수 없다는 인식 하에서, 최우선 과제로 권력 구조 개편과 정치개혁을 추진한다.

'새로운물결'(이하 새물결) 김동연 후보는 2022년 대선의 시대정신으로 '기득권 깨기'를 규정하고 최우선 과제로 '정치교체'를 내세워 대선판의 최대 담론으로 만들었다. 이에 화답하여 '더불어민주당'(이하 민주당) 이재명 후보는 당 내부를 설득하고 의원총회를 통해 실천을 공식화했다.

민주당 이재명 후보와 새물결 김동연 후보(상호 교차)는 정치교체를 위한 국정 운영의 동반자로서 정치교체를 위해 다음과 같이 합의하고 이를 실천에 옮길 것을 국민 앞에 약속한다.

첫째, 87년 체제를 바꾸는 개헌을 위해 20대 대통령 임기를 1년 단축하여, 2026년 대통령 선거와 지방 선거를 동시에 실시한다. 헌법 개정안에 대한 국민적 합의 도출을 위하여 별도 기구를 설치, 새 정부 출범 1년 내에 '제7공화국 개헌안'을 만든다. 개헌안에는 분권형 대통령제, 책임총리, 실질적인 삼권분립을 이루는 내용을 포함한다.

둘째, 양당 기득권 정치를 타파하는 정치교체를 실천에 옮기기 위해 정치개혁 법안을 만들어 대통령 취임 전 국회에 제출한다. 개혁 법안에는 연동형비례대표제 등 선거제도 개혁, 국회의원 면책특권 폐지, 국민소환제 도입, 국회의원 3선 초과 연임 금지 등을 포함한다.

셋째, 민생 최대 현안인 주택과 교육정책 결정을 위해 여·야, 정치이념, 진영논리를 뛰어넘는 독립적 의사결정 체계를 만든다. 국가주택정책위원회와 국가교육위원회를 설치하고, 위원의 임기는 대통령 임기 이상으로 한다. 금융통화위원회 수준의 독립성을 보장해

주택과 교육정책이 중장기적으로 결정, 집행되도록 한다.

넷째, 대통령직인수위원회 산하에 시민대표 등으로 구성된 공통공약추진위원회를 설치한다. 대선후보 간 공통 공약을 정리해 정부 초기부터 강력히 추진한다. 이후에는 이와 같은 제도가 대선 과정에서 정착되도록 제도화한다.

다섯째, 두 후보는 국정 운영의 동반자로 국민통합 정부를 구성한다.

2022년 3월 1일
더불어민주당 대통령 후보 이재명, 새로운물결 대통령 후보 김동연

국민 앞에서 이재명 후보와 굳게 약속했다. 짧은 선언문이지만 1987년 체제의 극복, 제7공화국의 출범, 승자독식 구조의 탈피, 국회의원 선거법 개정 등 정치교체의 주요 어젠다를 명징하고 간결하게 담았다. 당선될 경우 임기를 1년 줄이겠다는 약속까지 내가 제안한 문안에서 토씨 하나 바뀌지 않은 그대로였다. 다음 날 나는 20대 대통령 선거 후보직을 사퇴하고 이재명 후보 당선을 위한 지원 유세에 돌입했다. 내 선거보다 더 열심히 뛰었다는 말이 나올 정도였다. 이재명 후보를 지지하는 방송 연설을 했고 영등포, 수유리, 대전, 청주, 광화문, 청계광장 등지에서 합동 유세에도 여러 번 참가했다.

이재명 후보의 유세장 열기는 더없이 뜨거웠다. 당시 양당 후보의 난타전으로 후보에 대한 불신이 높았다. "여러분 이재명을 못 믿는다고 합니다. 이재명 못 믿어도 좋습니다. 그 옆에 김동연이 있습니다"라고 외치기도 했다. 북받쳐 오르는 감정에 눈물을 흘리는 군중들도 보였다. 투표를 며칠 앞두고 이재명 후보에게서 전화가 왔다. 충청 쪽 특히 충남 서해안 쪽이 취약하다며 지원을 요청했다. 고향이 충남인 아내와 함께 내려갔다. 충남 논산에서 사전투표와 유세를 하고, 공주대학교와 천안 쌍용동 유세, 예산 읍내시장 상인 간담회, 예산 읍내시장, 당진 전통시장, 보령 하나로마트 유세 등 일정을 강행했다. 민주당에게 워낙 척박한 곳이라 거기 당원들이 중앙에서 이렇게 지원받는 건 처음이라고 말할 정도였다. 숨돌릴 새도 없이 충남 서해안을 완주했다.

선거 운동이 끝나는 날은 홍대에서 이재명 후보와 각자 유세를 하다 마지막에 만났다. 새벽부터 자정까지 쉬지 않고 숨가쁘게 뛰다보니 탈진할 지경이었지만 연호하는 시민과 지지자들을 보니 힘이 났다. 이재명 후보의 당선만이 정치교체를 위한 공동선언을 지키는 길이었다. 마지막까지 박빙의 승부였다. 민주당 내부적으로는 승리를 예상하고 있었던 모양이다. 여론조사나 사전투표 결과에 그런 자료가 있었으리라. 개표가 한창인 밤 10시경 송영길 민주당 대표에게 연락이 왔다. "김 후보님 덕분에 이겼습니다. 곧 승리가 확정되면 당사로 오셔서 승리의 기쁨을 같이 누립시다." 이한주 교수도 비슷한 내용의 전화를 했다. 나는 속으로 이기면 당사에 가지 않고, 혹시 패배하면 가리라 마음을 먹었다.

이재명 후보가 당선되더라도 나는 정부에서 어떤 역할도 맡지 않겠다고 결심했다. 내가 맡고 싶은 역할은 따로 있었다. 나와 합의한 공동선언의 실천을 촉구하고 감시하는 워치독(watch dog) 역할을 하는 것이었다. 내가 정치를 통해 이루고자 하는 일들을 공동선언에 담았고, 대선 연대를 통해 나름 정치적 자산을 쌓았으니 당선자도 가볍게 보진 못할 거라 생각했다.

그러나 안타깝게도 결과는 247,077표, 0.73% 포인트 차이, 이재명 후보의 패배였다. 선거가 끝나고 많은 사람들이 왜 이기는 후보와 연대하지 않았냐고 물었다. 나에 대해 잘 모르는 사람들이 하는 소리였다. 내게 중요한 것은 승패가 아니었다. 나와 가치를 함께하고 실천에 옮길 후보가 중요했다. 그런 점에서 윤석열 후보가 아무리 당선 가능성이 높더라도 함께할 사람은 전혀 아니었다. 그 선택에 그리고 최선을 다한 선거에 일말의 후회도 없었다.

윤석열 후보가 당선됐다. 도도한 역사의 흐름 속에서 대한민국에 주는 의미는 무엇일까? 제대로 된 진보와 제대로 된 보수가 번갈아 집권하며 정권을 주고받는 것이 건전한 민주주의의 모습이다. 선거라는 제도를 통해, 민심을 통해 서로 부족한 점을 채워줄 수 있는 사이클이 된다. 하지만 엉터리 보수가 정권을 잡는 건 무슨 의미일까? 더 큰 문제는 스스로가 '엉터리'라는 것을 모르고 자만에 찬 확신범이란 점이다. 대한민국의 앞날에 대한 걱정이 컸다.

오랜 공직생활을 하면서 갖게 된 확신이 하나 있다. 가장 불행한 공직자는 자기 몸보다 큰 옷을 입은 공직자다. 옷이 조금 크면 몸집을 키워 옷에 맞출 수 있지만, 너무 크면 성과는 차치하고 본인이 불행해진다. 꼭 그렇게 된다. 본인만 모를 뿐이다. 고위 공직자뿐 아니라 역대 우리 대통령 중에도 여럿 있었다. 윤석열 후보의 당선을 보면서 딱 그런 예감이 들었다. 그 예감은 예상보다 더 극적인 방법으로, 더 빠르게 현실이 됐다.

새벽에 여의도 민주당사로 갔다. 낙심한 후보와 당을 위로해야겠다는 생각이었다. 새벽 3시경이었는데 당사 앞에는 인파가 가득했다. 패배의 충격이 얼굴에 보였다. 흐느끼는 분들도 많았다. 내가 지나가려 하자 길을 터주었다. "정말 수고 많으셨어요", "감사합니다"라고 인사를 건넸다. 인파를 헤치고 들어가 이재명 후보를 위로하고 영등포 캠프로 돌아왔다. 회의실에 모인 참모들이 열댓 명 됐다. 창밖으로는 어슴푸레 여명이 밝아오고 있었다. 참모들마다 한 마디씩 소회를 꺼냈다. 서로를 격려하는 말들, 우리가 시작한 일을 끝까지 해내자는 다짐도 있었다. 그런데 당장은 아무런 생각도 들지 않았다. 그중 한 친구가 무슨 생각이었는지 불쑥 이런 말을 꺼냈다.

"후보님, 경기도지사 선거 나갈 준비를 하셔야 합니다."

엉뚱한 얘기였다. 선거 막판까지 내 머릿속에는 두 가지 생각뿐이었다. 어떻게 이재명 후보의 승리를 도울 것인가? 이재명 후보의 당선 이후 어떻게 공동선언을 실현해 나갈 것인가? 이 사람 참 엉뚱한 소리를 한다고만 생각했다.

가자, 작은 대한민국으로

대선이 끝난 첫날부터 언론사로부터 인터뷰 요청이 쇄도했다. 지방 선거는 이미 코앞이었다. 지방 선거에 나가야 한다는 참모가 엉뚱한 게 아니었다. 언론에서는 벌써부터 나의 출마지가 서울이냐, 경기도냐를 예상하고, 출마할 경우를 가정한 여론조사 결과도 나오기 시작했다. 지방 선거 일정이 그만큼 촉박했다. 윤호중 민주당 비대위원장으로부터 공개적으로 합당과 지방 선거 출마 요청이 왔다. 마침 함께 고생한 참모들과 새물결 핵심 당원들이 모이는 자리가 예정돼 있었다. 속리산에 있는 펜션에 60여 명이 1박 2일 일정으로 모였다. 각 지역에서 고생했던 사람들이 한자리에 다 모인 건 처음이었다. 저녁 식사를 마치고 모두 한자리에 모여 앉아 자연스럽게 토론이 벌어졌다.

긴 시간 동안 말없이 듣기만 했다. 정해진 순서 없이 자유롭게 의견이 오고 갔다. 자연스럽게 민주당이 제안한 합당과 다가오는 지방 선거 대응에 대한 토론으로 이어졌다. 새물결의 깃발을 지켜야 한다는 의견도 있었지만 이재명 후보와의 공동선언을 지켜야 한다는 쪽으로 의견이 모였다. 대통령 선거 직후 치러지는 지방 선거에서 민주 양심 세력의 참패를 막아야 윤석열 대통령의 폭주를 견제할 수 있다는 의견도 공통적이었다. 민주당과의 연대에 대한 불만도 없지 않았다. 그러나 가장 척박한 환경인 경남 밀양에서 어렵게 선거 운동을 했던 손제범 최고위원이 나서 정리를 하며 의견을 하나로 모았고, 이후 일은 당대표인 나에게 전권을 위임했다. 속리산 자락 숙소의 밤은 여전히 쌀쌀했다. 생각과 고민이 많은 밤이었다.

어려운 선택이었다. 대선후보 사퇴에 이어 지방 선거에 참여했다가 패배하면 타격이 클 것이 뻔했다. 대통령 취임 후 두 달 만에 열리는 지방 선거여서 모든 것을 걸고 승부를 겨루어도 불리한 선거였다. 그러나 민주당의 변화를 보여줄 만한 후보라면 승산이 있었다. 속리산을 다녀와 윤호중 민주당 비대위원장을 두 번 만났다. 민주당도 심각한 위기의식을 가지고 있었다. 내가 공동선언을 중요하게 생각하고 있다는 걸 알고 '정치교체를 위한 정치개혁 추진기구' 구성을 합당과 함께 제안했다. 민주당에 와서 정치교체추진위원장을 맡아달라고 했다.

"'새로운물결'은 정치교체 완수에 무거운 사명감을 느끼며 민주당과 함께 혁신의 길을 가려 합니다. 우리부터 기득권을 내려놓는 혁신의 길을 가겠습니다."

3월 30일 민주당의 제안을 공개적으로 수용했다. 사실 민주당 내부에서는 내가 서울시장 선거에 나갔으면 하는 생각이 더 컸다. 그러나 윤호중 비대위원장을 비롯해 누구도 나한테 서울에서 나가 달라는 말을 강하게 하지 못했다. 윤 비대위원장은 서울지역 국회의원 대부분이 내가 서울시장으로 나서길 원하고 있다고 조심스레 말했다. 내 대답은 이랬다. "이제 민주당과 새물결이 합당하면 우리는 한배를 탄 동지다. 당이 강력하게 원한다면 내가 서울로 나가겠다. 그런데 내가 서울시장 나가면 경기도는 이길 수 있느냐." 대답이 없었다. 최악의 시나리오는 내가 서울시장 선거에 나가서 지고 경기도에서도 지는 것이었다.

선거는 벌써 두 달 앞으로 다가와 있었다. 경기도지사 출마로 결정이 나고는 바빠졌다. 경기도는 내 전체 인생 중 절반을 산 곳이다. 30년 넘게 살았다. 광주군 천막집부터 시작해서 성남, 과천, 안양, 의왕, 양평 그리고 수원. 경제기획원, 재정경제원, 기획재정부 공무원 생활을 경기도에서 했고 수원에 있는 아주대학교 총장을 지냈다. 개인적으로 애정과 열정이 있을 수밖에 없었다. 더 나아가 대한민국 인구의 25% 이상이 살고 있고 도시, 농촌, 어촌도 있는 곳. 북한과 접경지대가 있고 바다도 있는 곳. 그야말로 '작은 대한민국'이다. 나라를 운영하며 바꿔보겠다는 이상을 실현하기 안성맞춤이었다. 그래서 내 선거 슬로건 중의 하나가 "경기도를 바꾸면 대한민국이 바뀝니다"가 됐다.

경기도지사 출마 선언은 십 대 초반, 처음 살았던 경기도 천막집 터 앞에서 했다. 광주군 중부면 단대리 641 - 27. 한줄기 빛도 없었던 깜깜한 터널 속을 힘들게 살던 소년가장이 꿈을 키운 곳이었다. 그 소년이 커서 경기도를 위해 일하겠다는 선언이었다. "경기도를 대한민국의 변화를 이끌 새로운 중심으로 만들겠습니다." 경기도지사 선거라는 극적인 드라마는 그렇게 시작됐다.

합당 절차도 빠르게 마무리됐다. 수석사무부총장을 하던 서삼석 의원이 애를 많이 썼다. 마지막 합당 서류에 서명하는 날 배석했던 민주당 인사가 내게 90도로 허리를 숙이며 고맙다고 인사를 했다. 누구냐고 했더니 총무국장이라고 했다. 이제까지 합당을 여러 번 해봤지만, 빚 하나 없이 오히려 갖고 있는 통장과 자산을 전부 넘겨주는 당은 처음 본다는 것이었다. 대한민국 정치사에 없던 일이란 말도 들었다. '역시 새물결은 새물결이구나'라는 자부심을 느꼈다.

합당 후 첫 번째 관문은 민주당 경선이었다. 민주당 경기도지사 후보 경선은 5선의 조정식, 안민석 의원과 인구 백만이 넘는 수원시를 12년간 이끈 염태영 시장에 나까지 4자 구도였다. 권리당원 50%, 일반국민 50%으로 선거인단을 구성하고, 50% 이상 득표자가 없으면 결선투표에 가는 것이 민주당의 경선룰이었다. 권리당원 한 명도 없는 내게는 불리한 규칙이었다. 결선투표까지 가면 다른 후보들이 결집할 거라는 말도 나왔다. 깨끗하게 기존 경선룰을 수용했다. 이제 막 민주당에 합류한 마당에 힘을 하나로 뭉치는게 가장 중요했다.

경선 토론에서는 민주당 DNA에 대한 질문이 나에게 집중됐다. 이제 막 합당한 나에 대한 견제였다. 60년 전 민주당원이었던 아버지 이야기를 굳이 하지 않았다. 내가 만든 비전 2030의 방향이 민주당의 가치와 강령과 다르지 않다고 답변했다. 다행히 1차 투표에서 득표율 50.67%로 과반을 넘겨 민주당 경기도지사 후보로 결정됐다. 경쟁했던 세 분의 후보와 호프집에 모여 맥주잔을 부딪쳤다. 세 분은 캠프 공동 상임선대위원장직을 흔쾌히 맡아주었다. 특히 지금은 국회의원이 된 염태영 시장은 당선 후 경기도지사직 인수위원회 부위원장과 경기도 경제부지사도 맡아주었다. 오랜 지방행정 경험과 경륜이 경기도정에 큰 도움이 된 것은 물론이다.

　이제 본선이었다. 경기도는 넓었다. 캠프인 수원에서 북동쪽 끝인 연천군까지는 세 시간, 북서쪽 끝인 파주까지는 두 시간 반 가까이 걸렸다. 휴전선이 코앞인 산골마을부터 바닷가 어촌마을까지 있었다. 첨단산업과 전통 제조업이 공존했고, 신도시와 구도심, 농촌, 어촌도 있었다. 공중전뿐 아니라 각각의 지역을 발로 뛰는 지상전도 필요했다. 차근차근 일정을 짜서 경기도 전역을 훑었다. 패배한 대통령 선거 직후였고 민심은 민주당에 결코 호의적이지 않았다. 매일매일 유권자들을 만나면서 민주당의 변화와 혁신을 바라는 민심을 피부로 느낄 수 있었다. 선거 막판에는 기자회견을 자청해 민주당의 변화와 혁신에 앞장서겠다고 약속드렸다. 민주당에 회초리를 들더라도 씨앗으로 쓸 종자만은 남겨 달라고 호소하기도 했다. 그만큼 절박하고 어려운 선거였다.

　우리 선거 운동에는 몇 가지 원칙이 있었다. 첫째가 중도 확장이었다. 민주당에 뼈아픈 혁신과 변화를 요구하는 선거였다. 민주당의 전통적인 지지층 소위 '집토끼'에만 매달릴 수 없었다. 보수 진영과 각을 세우는 것에 그치지 않고 중도를 아울러야 한다. 캠프 안에 여러 이견이 있었지만 이 원칙을 굽히지 않았다. 둘째는 포지티브 경쟁이었다. 네거티브는 정치도 나라도 공멸하는 길이다. 상대 후보자에 대한 근거 없는 의혹 제기는 일절 하지 않았고 상대방이 근거 없는 네거티브를 들고 나와도 차분하게 대응했다. 셋째는 포퓰리즘의 유혹에 빠지지 않는 것이었다. 포퓰리즘 공약, 시혜성 공약은 당장 표로 연결될지는 몰라도 두고두고 도정에 부담이 된다. 일단 당선되고 보자는 건 무책임한 생각이다. 드넓은 경기도를 구석구석 누비는 살인적인 일정 속에서도 포퓰리즘성 공약들은 검토해서 제외시켰다.

연천군 신서면 내산리라는 작은 마을이 있다. 휴전선이 가까운 접경지 작은 산골마을이다. 그곳 마을회관에서 주민들과 막걸리를 마시며 중첩 규제에 평생 고통받아온 이야기를 들었다. 그곳뿐 아니라 경기북부 곳곳에서 주민들을 만나면서 '경기북부특별자치도와 경기북부 대개발' 비전을 구상했다.

어떤 사람은 주민이 적어 표가 되지 않는 마을에서 시간 낭비한다고 말했다. 수원역이나 판교에서 눈도장 한 번 더 찍는 게 이익이라는 말이었다. 연천군은 보수색이 짙어 어차피 표가 되지 않을 거라고도 했다. 상관없다고 했다. 민박집에서 하룻밤을 묵고 마을을 떠나면서 꼭 당선돼서 다시 찾아오겠다고 약속했다. 그 약속은 그해 가을 추수철에 지킬 수 있었다. 포천에서는 청년들을 만났다. 고향을 떠나지 않고도 꿈을 이룰 수 있으면 좋겠다는 말이 가슴에 와 닿았다. 그 청년들에게 당선돼서 다시 찾겠다고 한 약속도 지켰다.

'경기북부특별자치도'에 대한 이야기는 꼭 해야겠다. 내가 경기북도를 추진하는 이유는 단 하나다. 수십 년 국가 안보를 위해 묶여있던 경기북부의 성장 잠재력을 두 눈으로 확인했기 때문이다. 지리적인 장점, 잘 보전된 환경, 우수한 인적자원, 지역개발에 대한 열정을 확인했다. 선거 때 경기북부를 특별자치도로 만들어 개발하면 대한민국 GDP를 1~2% 올리는 건 일도 아니라도 말했다. 후보로서가 아니라 경제전문가로서 확신을 가지고 한 말이다. 그동안 많은 정치인들이 표를 얻기 위해 약속을 하고는 지키지 않았다. 당선된 뒤 약속을 지키기 위해 최선을 다했다.

선거 비용에 대해서도 원칙을 지켰다. 선거 후 선관위에서 돌려받은 보전금이 99.7%였다. 선관위에서 깜짝 놀랄 정도였다. 단돈 몇천 원도 어디에 썼고, 어디서 썼는지 다 기록이 있었다. 도지사 선거 때 중앙당에서 빌린 돈도 백 퍼센트 다 갚았다. 원칙에 맞지 않는 돈은 쓰지 않았고 투명하게 지출했다. 그러다 보니 살림은 항상 빠듯했지만 선거 기간 내내 이 원칙을 지켰다. 캠프원들 모두 어려움이 있었지만 합심해서 선거를 치렀다.

선거 기간 동안 모든 것을 쏟아부었다. 희망의 정치로 바꾸자는 결심이 있었기 때문이다. 설령 선거에서 지더라도 후회하지 않았을 거다. 원칙을 포기하지 않았기 때문이다. 낡은 정치행태를 따르지 않겠다고 결심하고 실천에 옮겼다. 앞으로도 그 결심이 흔들리지 않을 자신이 있었다. 캠프원 모두 합심해서 뛰었기에 반드시 좋은 결과가 있을 거라 믿었다. 그러나 선거 개표 과정에서 극적인 드라마가 기다리고 있을 줄은 조금도 예상하지 못했다. 그렇게 선거 운동이 막바지를 향해 가고 있었다.

윤석열과의 싸움

경기도지사 선거에서 내 실질적인 상대는 상대 후보가 아니라 윤석열 대통령이었다. 대통령 당선 후 3개월, 취임 후 1개월도 채 되지 않아서 열리는 지방 선거였다. 대선 승리와 임기 초 막강한 권력으로 소위 윤석열 사람들을 당선시키기 위한 지원을 시작했다. '윤심(尹心)'을 받은 후보들이 경선에서 압도적으로 승리했다. 가장 대표적인 곳이 내가 출마한 경기도였다. 유승민 전 의원은 일찌감치 경기도지사 출마를 선언했지만, 초선의원이었던 김은혜 후보에게 경선에서 패배했다. 김은혜 후보는 윤석열의 입이었고 대표적인 윤석열 사람이었다. 유승민 전 의원이 "권력의 뒤끝이 대단하다", "윤석열 당선자와의 대결에서 졌다"고 말할 정도였다. 이제는 내가 윤석열 당선자와 싸워야 할 차례였다.

걱정은 곧 현실로 나타났다. 선거를 한 달 남짓 앞둔 5월 초 윤석열 당선자는 김은혜 후보와 함께 일산, 안양, 수원,

용인 등 GTX-A 공사 현장에 나타났다. 대통령 취임을 일주일, 지방 선거를 한 달 앞둔 시점이었다. 누가 봐도 수도권 교통 문제에 목마른 경기도 유권자를 겨냥한 선거 이벤트였다. 김은혜 후보도 "새 정부의 GTX 건설 계획에 있어 경기도의 입장을 제대로 대변하려면 집권 여당의 도지사가 필요하다"며 이벤트 효과를 누렸다. 대통령은 선거에 엄정한 중립을 지켜야 하는 자리다. 민주당이 공직선거법 위반 혐의로 선관위에 고발했지만 소용없었다. 당선인은 공직자가 아니니 공직선거법 위반이 아니라고 주장했다. 정작 본인이 서울중앙지검장 시절에는 '대선후보는 대통령이 될 자의 지위'라며 이명박 전 대통령을 기소했고, 결국 대법원에서 유죄 판결을 받아낸 사람이다. 윤석열 당선인의 선거 개입은 공직자의 양심도 상식도 저버린 후안무치한 행태였다.

점입가경. 김은혜 후보는 노골적으로 대통령과의 친분을 내세웠다. "김은혜가 하면 윤석열 정부가 한다!" "대통령 바짓가랑이를 붙들어서라도 하나라도 더 받아오겠다." 어이가 없었다. 나라 살림이 어떻게 돌아가는지 전혀 모르고 하는 말이었다. 예산실장, 경제부총리를 할 때도 도지사의 소속 정당을 보고 정책과 예산을 결정한 적은 없었다. 경기도의 발전을 위해 어떤 비전이 있는지, 어떤 경험과 전문성을 가지고 있는지는 전혀 보이지 않았다. 정말 답답한 일이었다. 1,400만 경기도정은 중앙에서 예산 좀 더 따오면 되는 수준이 아니다. 작은 대한민국의 수장이라면 경기도 현실에 맞는 비전과 전략을 만들어 중앙정부는 물론 국내외 기업과 지자체들과 협력할 수 있어야 한다. 대통령과 가까운 도지사가 경기도를 발전시킬 거라는 구호는 거짓일 뿐 아니라 경기도민의 자존심을 짓밟는 말이었다고 나는 생각한다.

'변화의 중심 경기도, 일 잘하는 김동연' 우리 캠프의 선거 구호였다. 미래의 변화를 경기도가 선도한다는 자부심을 1,400만 도민에게 전하고 싶었다. 무엇보다 비전이 뚜렷하고 일머리가 있는 도지사가 필요하다는 것을 강조했다. 상대방 김은혜 후보는 대통령의 최측근일 뿐 경기도 행정을 책임질 만한 업무능력은 보여준 적이 없었다. 그런 상대 후보와 30년 넘게 나라 살림을 맡았던 나의 경륜을 대비시키는 전략이었다.

우리 캠프는 이렇게 선거 과정에서 포지티브 경쟁을 했지만, 다른 후보나 언론들의 지적으로 준비되지 않은 후보의 문제점들이 속속 드러났다. 경기도에서 아이를 키우는 '경기맘'의 마음으로 도정을 살피겠다더니, 아이는 미국의 고급사립학교에 다니고 있었다. 재산 신고에도 누락이 있어서 투표장에 선관위의 공고가 붙었다. 모두 경기도민이 크게 모욕감을 느낄 일이었다. 따지고 보면 이 모든 것이 자신의 측근을 밀어붙인 윤석열 대통령의 오만과 독단 때문이었다.

윤석열 대통령에 맞서는 우리 캠프의 무기는 진정성이었다. 무엇보다 우리가 세운 원칙을 진정성 있게 지켰다. 유권자를 만날 때도 그랬다. 많은 사람을 만나는 것보다 마음으로 만나려고 애썼다. 나는 전통시장을 좋아한다. 전통시장에 가면 좌판을 벌인 할머니의 거친 손을 잡아드렸다. 어린 시절 산나물을 캐서 파시던 어머니 모습이 떠올랐기 때문이다.

의정부의 한 전통시장을 갔을 때 일이다. 시장 상인회장님과 칼국수를 먹는데 갑자기 불쑥 "부총리님은 고생 한번 안 하셔서 칼국수도 많이 안 드시죠?"라고 물었다. 갑자기 울컥하고 아픈 기억이 올라왔다. 내가 배고프다고 투정을 부리면 어머니는 물을 많이 붓고 희멀건 칼국수를 끓여주셨다. 그런 기억 때문인지 지금도 나는 칼국수를 제일 좋아한다. 내 사연을 들은 상인회장님도 어려서 아버지를 잃은 이야기를 하셔서 둘이 칼국수를 먹다 말고 한참 눈물을 닦았다.

이제 와서 털어놓는 이야기가 있다. 어머니는 내가 정치하는 것을 극구 반대하셨다. 머리를 싸매고 드러누우셨다. 부총리까지 하고 좋은 이름을 남겼는데 왜 골치 아프게 사느냐는 것이었다. 어느 날 동생들 내외까지 온 가족이 모였다. 그날도 어머니는 강하게 이야기하셨다. 남동생이 나섰다. "어머니, 형이 언제 한번 어머니 속 썩인 적 있습니까? 그냥 믿고 놔두세요." 놀랍게도 그 순간 어머니가 마음을 돌리셨다. 180도 돌리셨다.

경기도지사 선거 때는 어머니가 허리 수술을 받고 거의 누워계실 때였다. 어느 날 안양에서 유세를 하면서 어머니 이야기를 했다. 효도한 날, 고등학교 졸업반 때 은행에 합격했다는 소식을 듣고 벌떡 일어나서 손뼉을 치며 춤추신 이야기를 했다. 마침 어머니가 그 유세장에 오셨다. 지팡이를 짚고 유세차에 올라오셔서 그곳에 모인 시민들에게 90도로 절을 하셨다. 유세차에 타고 있던 그 지역구 민병덕 국회의원은 뒤로 돌아 눈물을 닦고 있었다. 많은 선거 운동원과 시민들도 함께 울었다.

새물결 당원이었던 분들은 전국에서 내 유세장을 찾아주었다. 하남, 안성, 이천, 여주 등까지 찾아온 그분들에게 두 가지를 말씀드렸다. 내 초심 변함없다. 민주당 안에서 새물결을 일으켜 변화와 혁신을 이루겠다. 발달장애인 부모들이 내 유세장마다 찾아와 제일 앞줄에서 응원해주었던 기억도 있다. 아내의 활약도 빼놓을 수 없다. 선거 운동원들도 쑥스러워서 말을 걸기 힘들어할 때가 있는데 아내는 혼자서 여기저기 사람들을 만났다. "김동연 후보 아내 되는 사람입니다"라며 선거 명함을 돌렸다. 아내는 진심으로 사람들과 소통했다. 덕분에 '배우자 리스크'가 없는 유일한 후보라는 말을 여러 차례 들었다. 전통시장의 상인들도 사진만 찍고 가는 정치인이나 배우자와는 한눈에 구별하셨으리라 믿는다.

선거 시작할 때는 여론조사에서 큰 차이로 내가 앞섰다. 대선 끝나고 바로 뒤였기는 하지만 인물 경쟁력에서 비교가 되지 않았기 때문이었다. 그러나 대통령 당선자의 후광, 윤석열 대통령의 노골적 선거 개입으로 막바지로 갈수록 격차가 좁혀졌다. 심지어는 내가 지는 조사결과도 여럿 나오기 시작했다. 선거 운동의 마지막 사흘 동안 경기도 31개 시군을 모두 방문하는 강행군을 펼쳤다. 어느 유세장에서 정말이지 진심으로 호소했다. "상대 후보하고 저하고 박빙이랍니다. 너무 억울합니다. 도와주십시오." 청중들에게 어떻게 들렸는지 모르겠지만 그때 내 마음이 정말 딱 그랬다. 내가 느끼기로는 가장 큰 환호성이 들렸다.

10시간의 개표 드라마

투표가 끝났다. 2022년 6월 1일 오후 7시 30분, 방송국 출구조사 결과는 내가 0.6% 포인트로 지는 것으로 나왔다. 캠프 개표상황실에는 탄식이 터져 나왔다. 주위에 실망하는 기색이 역력했다. 그 순간에도 나는 이길 거라는 확신이 있었다. 과학적 증거가 아닌 직관이었다. 대한민국에 국운이 있고 미래가 있다면 내가 당선될 것이라 확신했다. 상대방 후보를 폄훼할 생각은 전혀 없지만, 사람의 됨됨이나 역량으로 봐서 상대방이 돼서는 안 된다고 생각했다.

아내와 둘이서 개표방송을 지켜봤다. 당시 수원에 원룸을 얻어 지내고 있었다. 텔레비전이 없어 노트북을 켜고 인터넷 생중계를 봤다. 개표가 시작되자 출구조사 결과보다 훨씬 큰 표 차이로 뒤처졌다. 캠프에서는 박빙의 승부라서 긴 개표가 될 테니 천천히 나오면 된다는 연락을 받았다. 개표방송을 보다 저녁 10시 반 소파에서 잠시 잠이 들었다.

임시 숙소여서 침대도 없었고 아내와 둘이 바닥에 이불을 깔고 자던 때였다. 자정을 30분쯤 넘겼을 때 일어나 다시 개표방송을 봤다.

전국적으로 처참한 결과가 속속 드러나고 있었다. 광역 단체장에서 민주당이 이기고 있는 곳은 텃밭인 광주, 전남, 전북과 제주뿐이었다. 서울과 인천은 이미 패배가 확정됐다. 경기도마저 내준다면 유례없는 완패였다. 수도권 전패에 더해 13대 4. 민주당의 존립이 위태로울 지경이었다. 대선 패배 후 채 3개월이 되기 전에 열리는 선거였다. 민심은 민주당에 매서운 회초리를 들었고, 윤석열 대통령의 오만과 독선은 벌써 하늘을 찌르고 있었다. 야당은 범죄자 취급, 여당은 부하 직원 다루듯 했다. 대화나 타협에는 아예 생각이 없어 보였다. 지방 선거까지 압승한다면 어찌 그 독주를 견제할 수 있을지가 제일 걱정이었다.

마지막 희망은 경기도였다. 호남이 아닌 수도권이었고, 대한민국 인구의 4분의 1이 넘는 가장 큰 지자체였다. 승리가 꼭 필요했다. 그러나 자정 즈음 표 차이는 6만 표까지 벌어졌다. 이후 표 차이가 조금씩 좁혀졌지만, 여전히 3% 포인트 넘게 뒤지고 있었다.

새벽 2시가 넘었다. 그 시간까지 결과가 나오지 않은 곳은 경기도뿐이었다. 몇몇 방송국에서 상대 후보의 '당선 유력'을 선언했다. 표 차이가 줄어들 듯하다가도 3만 표 차이를 줄이지 못하고 뒤처지길 반복했다. 1% 포인트 차이를 좁히지 못하는 개표상황을 지켜보면서 처음으로 지겠구나 하는 생각이 들었다. 아내의 손을 잡고 물었다.

"질 것 같네. 당신, 괜찮아?"
"전혀 상관없어. 아쉬울 것도 없고."

나도 의연했지만 아내도 차분했다. 그때 마음 깊은 곳에서 내 자신의 목소리가 들렸다. '아, 이제 자유구나!' 그때 느낀 이 감정이 아직도 생생하다. 나중에 생각해봤다. 그때 왜 그런 생각을 했을까. 그때는 몰랐다. 그러나 한참 뒤 나름 답을 찾았다. 사회의 가장 밑바닥 절대빈곤 속 열일곱 소년가장으로 출발해서 경제부총리까지 했다. 우리 사회로부터 얼마나 큰 혜택을 받았는가. 그 혜택을 사회에 돌려주자는 생각 하나로 최선을 다해 여기까지 왔다. 도민으로부터 선택받지 못한다면 그 또한 내가 담담히 받아들여야 할 일. 오히려 무거운 중압감에서 벗어나 자유가 주어졌다는 생각이 아니었을까.

새벽 3시 넘어 이제 캠프에 가서 함께한 분들을 격려하기 위해 나서야 할 시간이었다. 수행 비서진이 이미 주차장에 도착해 있었다. 그런데 갑자기 연락이 왔다. "후보님, 좀 더 계셔야 할 것 같습니다. 표 차이가 줄어들고 있습니다!"

개표방송 분위기가 미묘하게 바뀌고 있었다. 개표율이 75%를 넘긴 가운데 표 차이가 0.8% 포인트 차이로 줄어들었다. 한 시간 가까이 더 기다리다가 결국 4시가 넘어서야 캠프로 출발할 수 있었다. 개표상황실로 가기 전에 사무실로 먼저 갔다. 김용진 비서실장(전 기획재정부 차관) 등이 상기된 목소리로 상황을 보고했다. 이긴다는 것이었다. 선관위 홈페이지에서 3분마다 개표 집계를 업데이트해주고 있는데 추세선이 이미 이기는 궤적을 그리고 있다는 것이었다. 과연 3분마다 몇백 표씩 표 차이가 줄어들고 표 차이는 2만 표 정도였다. 승리를 확신한 것은 개표를 하지 않은 투표함의 소재지였다. 부천, 양평, 포천, 의정부 등에서 아직 개표가 진행 중이었는데 우리가 우세한 부천시 개표 진행율이 75% 남짓으로 가장 많은 표가 남아있었다.

새벽 5시 32분, 개표가 96.6% 진행된 가운데 처음으로 순위가 바뀌었다. 고작 289표 차이였다. 출구조사를 발표하고 개표를 시작한 지 10시간이 지난 후였다. 개표 중인 곳은 대부분 우리가 앞서는 부천시 선거구였다. 승리를 확신하고 개표상황실로 내려간 시간이 5시 41분이었다. 긴 밤 지새우는 동안 적막했던 개표상황실은 박수와 함성으로 가득 차 있었다. 공동선대위원장을 맡았던 염태영 수원시장, 박정 의원, 임종성 의원, 박광온 의원 등이 환호하며 맞이해주었다. 한번 역전한 후에는 표 차이가 조금씩 꾸준히 늘어갔다. 몇백 표씩 더 늘어난 표 차이가 공개될 때마다 상황실에는 환호와 박수가 터져 나왔다. 믿기지 않는 듯 감격한 선거 운동원들의 탄성이 들렸다. 새벽 상황실은 열기로 후끈했다. "김동연! 김동연!" 내 이름을 연호하는 소리를 들으면서도 그저 담담했다. 진다고 생각했을 때 담담했듯이 역전을 시켜 이기는 순간에도 마음이 차분했다. 박수와 환호가 상황실을 떠나가게 울려도 내가 한 가장 적극적인 표현은 박수를 치는 것이었다. 나중에 동영상을 보니 아내도 나와 거의 같은 모습이었다.

6시 45분이 되자 상대방 후보의 승복 선언이 나왔다. 개표 후 11시간이 훌쩍 지난 시간이었고, 이미 한 신문은 상대방 후보의 승리를 머리기사로 인쇄까지 마친 후였다. 1,400만 인구의 경기도 선거에서 단 8,913표, 겨우 0.15% 포인트 차이로 이겼다. 언론에서는 대한민국 선거 역사상 가장 긴박했던 드라마라고 말하기도 한다. 대한민국 역사상 최장 시간 개표방송이라는 타이틀도 얻었다. 밤새 개표를 지켜본 국민들 덕분에 전국적인 인지도가 생겼다. 돈으로 따지면 수천억 원 홍보비 효과를 누렸다는 말도 나왔다.

경기도 승리의 의미는 분명했다. 윤석열 정권의 독선을 견제하고 민주당의 지방 선거 참패를 막았다. 패배 속에서도 민주당 재기의 발판을 만들었다는 말이 나왔다. 민주연구원의 지방 선거 평가 보고서는 참패 속에서 이뤄낸 경기도의 승리를 '승리의 길을 보여준 민주당의 희망'이라고 평가했다. 광역비례 득표율에서 민주당이 국민의힘에 4.7%포인트 뒤처졌지만, 도지사 선거에서는 이보다 약 38만 표를 더 얻어 승리했다. 민주당 시장 후보가 낙선했지만 도지사 선거에서는 이긴 곳이 안산, 의왕, 고양 등 7곳이었다. 민주당의 혁신 그리고 새로운 인물에 대한 기대 덕분이었다는 평가였다. 개인적으로도 큰 의미가 있는 승리였다. 대한민국 경제를 책임졌던 경험에 더해 '작은 대한민국'인 경기도의 도정을 맡을 기회를 얻었기 때문이다.

2024년 12월 3일 늦은 밤, 대한민국이 멈췄다.

5장

———

절체절명의 시간

"Things have to get worse to get better."
상황을 좋게 만들려면 더 나빠져야 한다.

《파이낸셜 타임즈》가 최초로 기사화한 '카터 법칙(Carter Rule)'의
첫 문장이다. 부유한 민주주의 국가는 심각한 위기를 맞닥뜨린 다
음에야 의미 있는 개혁이 시작된다는 것이다. 실제로 1970년대 말
경제 위기를 맞고도 무기력했던 카터 정부의 무능을 참을 수 없었
던 대중의 분노는 결국 레이거노믹스, 즉 '힘에 의한 위대한 미국'을
가능케 만들었다.

우리에게는 지금이 바로 그때가 아닐까. 계엄. 내란. 탄핵. 두 동강이 난 나라. 대혼란 속의 대한민국. 분노에 가득 찬 나라. 실질적 내전, 그리고 폐허. 절체절명의 시간, 지금 우리는 절벽 끝에 서 있다. 더 이상 갈 곳이 없다. 여기에서 일어나야 한다. 갈라진 사회, 분열된 국민을 하나로 통합하여 새로운 나라를 건설해야 한다. 바닥인 지금이 바로 그때이다. 내전까지 치르며 나라를 하나로 만든 링컨의 연설이 저절로 생각난다.

"분열된 집은 제대로 설 수 없다."

불법계엄 당시 소집한 경기도청 긴급 간부회의

분노의 밤

누구라도 그랬을 것이다. 처음엔 가짜뉴스라고 생각했다. 믿기지 않았다. 그런데 뉴스 속보가 쏟아졌다. 상상할 수 없는 일이 벌어졌다. 현실이었다. 2024년 12월 3일 늦은 밤, 대한민국에 비상계엄령이 선포됐다. 그날 밤 누구를 만나던 중에 소식을 접하고 바로 도청으로 향했다. 국회나 용산으로 가야 한다는 의견도 있었지만, 도지사로서 도청을 지키는 일이 먼저라 생각했다. 급한 연락이 이어졌다. 계엄군이 도청을 봉쇄하면 감금당할 수 있으니 상황이 정리될 때까지 피하는 게 좋겠다는 의견도 있었다. 내게 불상사나 변고가 생기더라도 가자고 했다. 지체 없이 긴급 간부회의를 소집했다. 행정안전부에서 '도청을 폐쇄하라'는 요청이 왔다는 보고를 전화로 받았다. '당장, 단호하게 거부하라'고 지시했다.

간부회의에서 '비상계엄은 요건과 절차상 명백한 위헌'

이라며 '쿠데타'로 규정했다. 국회에서 계엄 해제 요구가 의결되기 전이었다. 행정안전부의 도청 폐쇄 요구를 거부한 사실도 공개했다. 도 간부들이 우왕좌왕해서는 안 되기 때문에 분명한 지시를 내렸다. 위헌적인 비상계엄에 절대 따를 수 없다는 것, 그리고 도청의 전 간부, 직원들이 비상한 각오로 자기 자리를 지키면서 의연하게 대처할 것을 당부했다. 방송으로 보는 국회 상황은 긴박했다. 군부대의 도청 진주 시 대책, 불법 계엄이 지속될 경우 경기도의 저항과 독자 행보 등을 논의했다. 그 뒤 국회에서 계엄 해제 요구안이 통과됐다. 새벽 한 시, 회의장 밖에는 기자들이 기다리고 있었다.

"윤석열 대통령의 쿠데타는 두 시간 만에 끝났습니다. 비상계엄은 내용도 절차도 모두 위헌입니다. 국회에서 계엄 해제에 대한 의결이 있었습니다. 국회의 의결에 반하는 행동을 하는 군인, 경찰, 공직자는 내란 행위로 간주될 수 있습니다. 이런 일이 또다시 벌어지는 것을 막기 위해서 이와 같은 잘못에 대한 합당한 책임과 엄중한 처벌이 뒤따라야 합니다."

새벽 3시, 윤석열은 '탄핵 대상'일 뿐 아니라 현행범으로

'체포 대상'임을 주장했다. 아직 안심할 수 없었기 때문이다. 한 번 미친 짓을 한 자가 아직도 현직 대통령이란 자리에 있으면서 또 어떤 일을 벌일지 알 수 없는 일이었다. 쿠데타는 국민의 저항에 무위로 돌아갔지만, 그는 놀랍도록 뻔뻔했다. '자유민주주의', '헌정질서', '구국의 의지'를 감히 입에 담았다. 해괴한 일이 계속됐다. 자신은 정당했다면서 야당 탓을 했다. 적반하장이었다. "임기 단축과 거취를 우리 당에 일임한다"는 담화가 나왔고, 그에 맞춰 국민의힘에서 '질서 있는 퇴진'이라는 말까지 나왔다. 계엄군에게 국회 본회의장 문을 부수고 들어가 '국회의원들을 끄집어내라'고 지시한 것이 통치행위이지 내란이 아니라며 끝까지 싸우겠다고 하는 어이없는 일이 계속됐다. 확신범의 모습이었다.

불과 몇 시간 만에 원화 가치가 폭락하고, 주식과 선물, 코인 시장은 곤두박질쳤다. 증시는 맥을 추지 못하면서 사흘 만에 시가총액 72조 원이 증발했다. 원-달러 환율은 글로벌 금융위기 이후 처음으로 1,470원을 돌파했다. 비트코인은 국내 시장에서만 30%가량 급락했다. 불과 몇 시간 만에 대한민국이 붕괴되는 소리가 들렸다. 무너져버린 민주주의. 나락에 빠진 경제. 혼란에 휩싸인 사회. 국제사회에서의 웃음거리. 비통한 일이었다.

한겨울 국회 앞으로 시민들이 모였다. 함께 분노하고, 함께 소리쳤다. '즉각 탄핵', '즉각 체포' 모두 한마음이었다. 12월 7일 탄핵소추안이 부결됐다. 195명. 정족수에 다섯 명이 모자랐다. 국민의힘이 탄핵 반대를 당론으로 정하고 자당 의원들을 퇴장시켰다. 국민을 배신하고 쿠데타 부역자의 길을 택한 것이다.

가만히 있을 수 없었다. 퇴근 후 수원 도청 사무실에서 여의도, 광화문, 신촌 집회장으로 달려갔다. 형형색색 깃발이 나부끼고, 밤이면 응원봉들이 반짝였다. 세대, 성별, 계층을 뛰어넘는 빛의 물결이었다. 신촌 대학생 집회에서는 청년 세대들과 함께했다. 시위 현장마다 색색의 응원봉을 들고나온 청년 여성들이 광장을 가득 메운 것을 보았다. 민주주의와 정의를 외치는 다양한 목소리를 들었다.

일인 시위도 나갔다. 12월 11일, 퇴근 후 일인 시위를 한 수원 중심가 나혜석 거리에서는 수많은 시민들이 호응해주었다. 따뜻한 커피를 가져다주는 상인분도 계셨다. 12월 12일은 몇 시간 휴가를 내고 서대문에 위치한 국가수사본부 앞에서 탄핵과 체포를 부르짖었다. 낮에는 일하고, 밤에는 시위하는 '주경야시'가 계속됐다. 아내도 같이 나가 구호를 외치고 노래를 불렀다. 즉각 탄핵과 체포가 필요하다는 것을 도민께, 국민께 알리고 호소하려는 간절한 마음뿐이었다.

　12월 14일 오후 다섯 시, 거대한 함성이 여의도를 가득 메웠다. 윤석열 탄핵안이 국회를 통과했다. 마침 토요일이어서 오전부터 집회에 참석하면서 역사의 현장을 시민들과 함께 지켰다. 다들 얼싸안고 감격했지만 우린 알고 있었다. 내란이 쉽게 끝나지 않을 것임을. 내란 우두머리 윤석열은 거짓말과 버티기로 일관했다. 헌법재판소 서류 수령을 피하고 수사도 거부했다. 경호처 뒤에 숨어 관저에서 버티다가 체포되기까지 한 달이 더 걸렸다. 국민의 거대한 분노 앞에서 그가 꺼내든 건 국민을 갈라치는 분열의 칼이었다. '나라를 지키기 위해 끝까지 싸우겠다'며 극단적 지지층을 선동했다. 광장을 반으로 나눈 집회, 법원에 침입해 벌인 난동, 헌법재판관과 판사에 대한 인신공격. 분열의 칼은 온 나라를 마구 베었다. 온 국민과 더불어 나의 분노는 활활 타올랐다.

비정상 리더십

예정된 파국이었다. 애초에 국가 운영에 대한 그 어떤 비전이나 철학도 없는 후보였고 대통령이었다. 선거 승리 외엔 안중에도 없는 국민의힘이 끌어들인 용병이 정권을 잡았다. 그가 감당하기에 너무나 큰 옷을 입었다. 한순간 대한민국을 패닉으로 몰아간 불법 계엄은 이미 윤석열 대통령의 탄생과 함께 잉태된 비극이었다.

도저히 정상이라고 볼 수 없는 국정 운영과 경제 파탄, 그리고 국민을 분열시키고 쪼개는 행태가 취임 초부터 이어졌다. 단 하루도 정상인 날이 없었다. 취임하자마자 대통령실을 용산으로 이전하는 것을 시작으로 비상식적이고 비정상적인 국정 운영이 계속됐다. 나라를 둘로 쪼개고 전(前) 정권에 대한 공격에만 몰두했다. 자기 철학과 정책 방향이 없으니 이전 정부와 반대로만 나아갔다.

문제가 터지면 전 정권 탓하기 바빴고, 지지율이 하락

할 때마다 전 정권을 때렸다. 취임 후 1년 반 동안 '문 정부 탓'이 들어간 언론 기사가 1만 5천 건이라는 통계가 나왔다. 하루 평균 27건이었던 셈이다. 이럴 거면 뭣 하러 정권을 잡았는지 알 수 없는 노릇이었다. 159명의 희생을 초래한 10.29 이태원 참사에 대한 무(無)공감 대응, 뺄셈 외교, 척을 지고 적을 만드는 국제관계, 거꾸로 가는 경제와 재정정책, 실종된 산업정책, 역행하는 기후위기 대응, 의료대란, R&D 투자 축소 등 일일이 사례를 들기가 벅찰 정도였다.

이런 파행적인 국정 운영은 당연히 경기도에도 영향을 미쳤다. 대한민국 전체 인구의 27%가 사는 작은 대한민국, 경제와 산업의 중심인 경기도가 가장 큰 피해를 볼 수밖에 없었다. 경제, 투자, 산업, 복지, 대외관계, 사회 전반에 부정적인 영향이 몰려왔다. 전혀 예상하지 못한 곳에서도 부작용이 생기기 시작했다. 도지사로 취임하고 1년여 동안 검찰로부터 14번의 압수수색을 당했다. 모두가 전임 도지사인 야당 대표 또는 그 배우자를 겨눈 표적 수사 때문이었다.

압수수색 대상에는 도지사 집무실과 비서실 컴퓨터도 있었다. 새 사무실, 새 컴퓨터, 새 직원인데도 막무가내였다. 내가 취임하기 직전 이미 신청사로 이사했고 컴퓨터도, 비서실 직원도 모두 바뀌었다. 마치 문재인 대통령을 수사하겠다고 윤석열의 용산 대통령 집무실과 비서실을 압수수색 하는 격이었다.

내 사무실에 대한 압수수색은 내가 없는 틈에 나왔다. 내 일정을 알고 내가 없을 때를 골라 온 것 같았다. 외부 일정 중에 전화로 보고를 받고 단호하게 지시했다. "압수수색을 거부하고, 정 하겠다면 내 사무실 문을 부수고 들어가라고 하라"고 했다. 세게 맞서니 한발 물러나면서, 다른 것에는 일절 손대지 않고 찾고자 하는 검색어 하나만 내 컴퓨터에 입력해 자료를 찾기로 했다. 뭐가 나올 리가 없었다. 자택 압수수색을 당하고 휴대폰을 두 번이나 뺏긴 어떤 직원은 수사를 받다 창문으로 뛰어내린 사람의 심정이 이해된다는 말까지 했다. 압수수색 때마다 밤낮없이 일하는 경기도정이 마비되다시피 했다. 기자회견을 열어 검찰의 과잉수사, 괴롭히기 수사, 정치 수사에 강력한 유감과 경고를 표명했다.

애초 대선부터 시작된 진흙탕 싸움의 연장이었다. 그토록 '공정'과 '상식'이 중요하다면 자기 주변 의혹부터 파헤칠 일이었다. 도이치모터스 주가조작 의혹을 비롯하여 숱하게 제기된 배우자 의혹에 대해 경기도청 압수수색 하듯 수사했다면 공정과 상식을 바로 세웠다고 박수를 받았을 것이다. 그런 것들은 일절 모르쇠 하고 야당 대표 수사에만 무리수를 두는 것이 과연 정상인가?

'서울-양평 고속도로'가 좌초된 일도 그렇다. 2023년 6월, 서울-양평 고속도로 종점이 갑자기 변경된 것이 세상에 알려졌다. 바뀐 종점은 김건희 일가의 선산과 토지가 위치한 양평군 강상면이었다. 의혹이 나오는 건 당연한 일이다. 국토부 장관이 나서서 문제가 없다고 발끈하더니 사업 백지화를 선언해 버렸다. 타당성 조사 등을 포함해서 수년간 제반 절차를 밟아온 사업을 하루아침에 일개 장관이 손바닥 뒤집듯 없던 일로 만들었다. 김건희 의혹을 숨기기 위해 꼬리 자르기를 하느라 지역주민의 오랜 숙원사업이 이렇게 순식간에 사라져 버렸다. 공직자로 기본이 안 되어있는 것은 물론 오만하기 짝이 없는 일이었다. 기자회견 중 부총리로 있을 때 이런 일이 생겼다면 어떻게 하겠냐는 질문을 받고 답했다. "경제팀의 수장으로 원희룡 장관 해임을 건의했을 것이다." 그렇다. 내가 그 자리에 있었다면 대통령에게 강력히 해임을 건의하고 관철했을 것이다.

도민이 겪는 극심한 교통난과 관련된 문제이기에 누구보다 자세히 들여다봤다. 현장에도 나가 살펴보았다. 정상적인 변경일 수가 없었다. 서울과 양평 사이에 교통정체가 극심했다. 주말이면 기존 서울-양양 고속도로가 꽉 막혀서 가평, 양평 주민들은 어딜 나갈 생각도 못 할 정도였다. 기존 안대로 서울-양평 고속도로가 완성돼 서울-양양 고속도로와 연결되면 상당 부분 해소될 문제였다. 그러나 갑작스럽게 등장한 변경안은 서울-양양 고속도로와 연결하기 어려운 노선으로 교통난 해소에 도움이 될 수 없었다. 공개적으로 국토교통부에 세 가지 질문을 던졌다.

왜 갑자기 변경안이 등장했는가?
누가 노선 변경을 주도했는가?
어떤 근거와 절차로 변경이 이뤄졌는가?

납득할 만한 어떤 답변도 듣지 못했다. 백지화를 철회하고 처가 의혹과 상관없는 기존 안대로 추진할 것을 요구했다. 묵묵부답이었다. 처가 의혹을 피하려고 2천 6백만 수도권 주민의 교통권을 내팽개친 '서울-양평 고속도로'의 진실은 반드시 명명백백하게 밝혀져야 한다. 그리고 엄중한 책임을 물어야 할 것이다.

'김포시 서울편입론'은 한마디로 선거 사기였다. 2024년 총선을 앞두고 김기현 국민의힘 대표가 불쑥 꺼냈다. 3개월짜리 총선 전략, '선거쇼'임이 분명했다. 한술 더 떠 한동훈 비대위원장은 김포시를 방문해서 "목련꽃 피는 봄이 오면 김포는 서울시가 된다"고 부추겼다. 대한민국이 수십 년 견지해온 국토균형발전과 지방분권이라는 국정 비전과 방향을 손바닥 뒤집듯 뒤집었다. 역대 정부와 여·야가 추진해온 수도권 일극화의 해소와 지방시대에 대한 철학도 역행했다.

선거를 앞두고 자행하는 이런 사기는 포퓰리즘을 넘어 나라를 망치는 일이다. 주장하는 사람조차 실현 가능성이 없다는 걸 모를 리 없었다. 일부 시민이 바라기 때문이라면, 10.29 참사 유가족의 진상 규명에 대한 간절한 바람과 국민 70%가 요구하는 '김건희·50억 클럽 쌍특검'은 왜 그리 외면했는지 모를 일이다. 이 대국민 사기극은 여당에 자충수가 될 것이고 총선이 끝나면 사라질 것이라고 경고했다. 결과는 지금 국민 모두가 알고 있는 그대로다.

남북관계도 파탄에 이르렀다. 1991년 '남북기본합의서' 이후 면면히 이어진 한반도 평화를 위한 노력이 중단됐다. 윤석열 정부는 역대 정부가 일관되게 추진해온 원칙에서 완전히 벗어나 냉전 시대의 칼을 마구 휘둘렀다. 아무리 힘들어도 인내하며 쌓아온 남북화해의 성과가 물거품이 되고 말았다. 남북관계 파탄은 특히 경기북부 도민의 삶에 큰 영향을 미쳤다. 직접 찾아가 만난 접경지역의 주민들은 북한발 괴소음과 전쟁의 불안으로 생존과 생계를 위협받고 있었다.

일본에 대한 굴종 외교도 부끄러운 일이었다. 30년 후 어떤 부작용이 발생할지 알 수 없는데 후쿠시마 오염수 방류에 대한 대응은 사실상 일본 정부 방침의 '전면 수용'이었다. 나는 서해안 어민과 소상공인들이 생계에 입을 타격과 먹거리 불안에 대해 강력히 문제를 제기했고, 경기도 차원의 대책 마련에 부심했다. 역사의식에 대한 문제도 심각했다. 강제징용 문제, 전시 성폭력 피해자 문제 등 제대로 대처하지 못하는 일들이 이어졌다. 급기야는 광복절마저 둘로 쪼개 버렸다. 나는 경기도 애국지사와 후손들을 만나 함께 분노를 나누고 제대로 된 역사관을 세우는 노력을 기울였다. 그 일환으로 경기도 독립기념관 건립 계획을 만들어 추진하고 있다.

이러한 비정상적인 리더십과 중앙정부의 역주행에 대해 기자회견이나 언론 인터뷰 등을 통해 끊임없이 경종을 울렸다. 그러나 쇠귀에 경 읽기였다.

고군분투

비정상 국가에서 경제가 제대로 돌아갈 리 없다. 윤석열 정부 들어 우리 경제는 '1% 경제'가 돼 버렸다. 경제성장률, 수출 증가율, 민간소비 증가율 모두 1%대에 머물렀다. 민생은 더욱 어려워졌다. 2024년 기준 소매업과 음식업의 폐업률은 20%를 넘었다. 신규 창업 대비 폐업 비율은 79.4%에 달했다. 가게 열 곳이 문을 여는 동안 여덟 곳이 문을 닫았다는 뜻이다. 2013년 이후 가장 높은 수치로 "코로나19 때보다 더 어렵다"는 자영업자들의 절규가 빈말이 아니라는 걸 보여준다. 이런 상황에서 '우리 경제가 기지개를 켜고 있다, 살아나고 있다'고 하는 윤석열 대통령의 경제 인식은 기가 막히는 일이었다. 대한민국 대통령인지, 달나라 대통령인지.

국가 경제 운영과 나라 살림을 오랫동안 책임졌던 내 눈으로 볼 때 문제가 아닌 것이 없었다. 우선 재정정책은 완전히 거꾸로 갔다. 국가 재정은 돈을 써야 할 때가 있고 돈을 거둬들여야 할 때가 있다. 경제 위기, 팬데믹과 같은 비상시국에는 돈을 써야 한다. 산업 전환기에 미래 먹거리 개척을 위해 민간이 하기 어려운 부분에는 과감하게 투자해야 한다. 또한 재정은 경기 침체기에는 적극적인 역할을, 호황기에는 긴축적인 운영을 통해 자동안정화 기능이 작동하게 해야 한다.

윤석열 정부는 정확하게 거꾸로 갔다. 긴축재정을 고집했다. 2024년과 2025년 재정 증가율은 2.8%, 2.5%에 불과했다. 물가 상승률에도 미치지 못하는 수치다. 이런 긴축을 '건전재정'이라고 포장하며 재정의 적극적인 역할을 포기했다. 긴축재정 기조에서 취약계층 보호 예산, R&D와 같은 미래 투자 예산, 민생을 돕는 지역화폐 예산 등이 대폭 또는 전액 삭감됐다. 경기침체는 더욱 깊어졌고 세수는 줄어드는 악순환에 빠졌다. 2008년 글로벌 금융위기 때 신속, 과감, 충분을 원칙으로 재정, 금융, 통화정책을 써서 위기를 극복했던 경험자로서 너무나 답답했다. 속이 새까맣게 타들어 갈 지경이었다.

경기도는 확실히 다르게 했다. 경기도만이라도 정상(正常)의 길로 가도록 사력을 다했다. "경기도가 바뀌면 대한민국이 바뀐다"는 신념 그대로였다. 거꾸로 가는 중앙정부와 달리 독자적인 재정정책을 펴겠다고 선언했다. 과감한 확장 재정정책을 폈다. 경기도 예산을 2024년 6.8%, 2025년 7.2% 늘렸다. 중앙정부보다 2배 이상 높은 증가율이었다. 나아가 '확장 추경'을 매년 편성했다. 확장재정 못지않게 중요한 것은 돈을 어디다 쓰느냐이다. 정부가 감액 편성한 지역 사회간접자본(SOC)에 투자해 도로, 하천, 철도 등 인프라를 확충했다. 지역경제 활성화와 일자리 창출을 위해서였다. 반도체, AI 등 첨단 신성장 산업과 스타트업 활성화, 기후 경제 등 미래를 위한 투자도 대폭 늘렸다. 지역화폐, 농수산물 할인쿠폰 사업, 각종 일자리 예산도 늘렸다. 이뿐 아니라 생산성과 워라벨을 동시에 높일 수 있도록 '주 4.5일제'와 '0.5&0.75잡 프로젝트'를 시범 실시했다. 360도 돌봄, 이주노동자와 다문화가족 지원 등 취약계층 보호와 사회통합을 위한 예산도 대폭 늘렸다.

나는 '돈 버는 도지사'를 자처했다. 취임하자마자 임기 내 100조 원 이상의 투자 유치를 약속했다. 2년 9개월 만에 약 85조 원의 투자를 유치해 투자 목표액의 85%를 이미 달성했다. 국내 기업들은 물론, 미국, 유럽, 호주, 일본 등 해외 투자 유치에서도 큰 성과가 있었다. 업종도 반도체, 바이오, 인공지능, 모빌리티, 기후테크, 전통 제조업, 물류 등 거의 전 분야에 걸쳐 있다. 미국 유수 기업과 협약을 맺을 때

월스트리트에 있는 뉴욕증권거래소 방문

CEO가 한 말이 기억난다. 자신들이 투자 결정을 할 때 어느 정도 지원을 받을 수 있는지, 규제 등 행정적 문제는 어느 정도인지와 함께 지도자의 비전과 정책 방향을 신뢰할 수 있는지를 중요하게 본다고 말했다. 경기도가 그 세 가지 요소를 모두 만족스럽게 충족했다는 것이었다.

경기도를 스타트업 천국으로 만들겠다는 정책 목표도 실천에 옮기고 있다. 스타트업들의 집적화(clustering), 네트워킹, 국제화를 촉진하는 각종 정책을 과감하게 진행하고 있다. 중소·벤처기업의 투자 기회를 넓히기 위해 2026년까지 1조 원 규모의 펀드 조성을 목표로 하는 'G-펀드'는 그 한 예이다.

기후정책은 미래에 다가올 위기를 경제적 기회로 전환하는 도전과제이다. 하지만 윤석열 정부는 완벽하게 거꾸로 갔다. 신재생에너지 비율 목표를 30.2%에서 21.6%로 낮추고, 재생에너지 보급 예산을 74% 감액했다. 기후위기 대응을 위해 할 일들의 대부분은 임기 이후로 미뤘다. 국내 수출 제조 기업은 미국과 EU의 탄소국경세 도입이나 RE100 요구로 어려움이 가중되고 있다. 하지만 2023년 경제협력개발기구(OECD) 국가 중 재생에너지 생산이 줄어든 나라는 한국이 유일하다. 우리나라의 재생에너지 사용 비중은 3%대에 그쳐 OECD 회원국 가운데 꼴찌다.

경기도는 중앙정부와 확실히 다른 길을 걸었다. 2023년 '경기RE100 비전'을 선포했다. 공공기관 최초로 경기북부 청사에 도민주도형 태양광발전소를 설치했다. 50개 공공 부지 위에 도민 3만3천 명에게 유휴부지 태양광 사업 투자 기회를 제공하고 있다. 산업단지 RE100 투자 4조 원을 유치했다. 2024년도 신규 태양광 설치 증가율은 전년 대비 108%로 전국 1위를 차지했다. 2위 48%와 비교하면 두 배가 넘는 성과다.

기후예산을 반 이상 줄인 중앙정부와 달리 경기도는 대폭 늘렸다. 주택과 마을 태양광 예산을 획기적으로 확대해 6,100가구의 전기료 절감 혜택과 에너지 복지를 지원하는 것은 그 예 중 하나다. 2023년부터 일회용품 없는 청사를 만든 것도 경기도였다. 대한민국 최초로 2026년 기후 위성* 발사를 계획하고 있다. 전 도민을 대상으로 취약계층을 두텁게 보장하는 기후보험도 도입한다. 기후플랫폼 구축, 도민 참여 기후펀드 등도 모두 전국 최초로 시행하는 기후정책들이다. 2024년 전국 최초로 '기후행동 기회소득' 앱을 개발하고 출시했다. 도민들이 일상 속에서 에너지를 절약하

---

*   기후 위성 기후 데이터 확보를 통한 기후위기 대응 역량 강화, 우주 신산업 육성을 목표로 하는 위성.

고 기후위기에 대처하는 실천을 하면 일정 부분 보상해주는 프로그램이다. 출시 7개월 만에 100만 가입자를 돌파했고, 이를 통한 온실가스 저감량은 13만 톤에 달한다.

사람 사는 세상, 더불어 사는 공동체를 만드는 데도 중점을 뒀다. 우선 '기회소득'을 시행했다. 우리 사회에서 가치를 생산하지만 시장에서 제대로 보상받지 못하는 사람과 계층에 소득을 지원하는 것이다. 사회적 가치 창출에 대한 참여소득 성격이다. 첫 대상은 예술인과 장애인이었다. 예술인들은 소득도 소득이지만, 창작 활동의 가치를 인정받는 것에 자부심을 느꼈다. 중증장애인들도 자신의 건강 활동이 사회적 비용을 줄인다는 것을 자랑스러워했다. 이어서 마을 주민이 부모 대신 아이를 돌보는 돌봄 활동, 귀농·귀어, 청년, 친환경 농어민, 현역 운동선수나 지도자 출신 체육인 등으로 대상을 넓혔다. 모두가 사람 중심 경제를 실천에 옮기는 프로그램들이다.

누구나, 언젠가는 받게 되는 돌봄을 고스란히 가족의 책임으로 떠넘겨서는 안 된다는 생각으로 '360도 돌봄'을 만들었다. 돌봄에 공백이 없도록 360도 전(全)방위적으로 감싸준다는 뜻이다. 돌봄은 시혜적으로 베푸는 게 아니라 우리 사회를 위한 공동의 투자다. 누구나 돌봄, 언제나 돌봄, 어디나 돌봄이다. 연령, 소득과 관계없이 위기 상황에 처한 도민 '누구라도' 생활 돌봄, 동행 돌봄, 식사 지원 등의 도움을 받을 수 있도록 했다. 아이 돌봄이 필요하다면 '언제나' 아이를 맡길 수 있고, 도움이 필요한 장애인이 있다면 '어디든' 가서 돕는다.

상처받고 소외된 사람들에게도 소홀히 하지 않았다. 국가가 외면한 10.29 이태원 참사 피해자 유가족을 마음으로 안았다. 참사 직후 서울시 녹사평역에 추모공간이 마련됐었다. 지하공간이었고 고인들의 영정도 없었다. 경기도청 로비에 희생자 합동분향소를 따로 설치해 운영했다. 유가족에 연락해 원하면 영정을 놓겠다고 했다. 20대 초반 두 여성 희생자의 영정이 처음 놓였다. 국화꽃으로 장식된 추모공간은 '추상'이었지만, 영정을 갖다 놓으니 '구체'가 되고 '인격'이 되었다. 영정사진이 놓인 곳은 경기도청이 처음이었다.

비가 몹시 오는 날 '10.29 진실버스'가 수원에 도착했을 때 찾아가 유가족을 만났고, 특별법 제정을 촉구하는 단식 현장에도 함께했다. 1주기 서울광장 분향소에 참배할 때 유가족들이 경기도로 초청해 달라고 요청했다. 사실은 유가족들을 경기도로 모셔 이야기를 듣고 위로하고 싶었다. 그러나 행여 정치적 의도가 있는 것으로 비칠까 싶어 초청하지 못했는데 요청을 받은 것이었다. 공관으로 초청해 간담회를 갖고 식사를 대접했다. 유가족들은 경기도가 만든 인터넷 공간에 게시된 추모의 글들이 전시된 것을 보고 감동했다. 평소 말이 없던 공관 요리사가 나와 메뉴를 소개하겠다고 했다. 메뉴를 소개하던 중 "따뜻한 밥 대접하고 싶었다"며 말을 잇지 못하고 뒤돌아 울었다. 유가족도 함께 울었다. "아이가 떠나고 따뜻한 식사대접을 처음 받는다"며 여러 유가족분이 또 눈물을 쏟았다. 이런 공감이 우리 사회 통합을 만들고 사람 사는 세상을 만든다고 믿는다.

선감학원은 경기도의 아픈 과거다. 일제 강점기부터 권위주의 관선 지사 시절인 1982년까지 40년 동안 '부랑아 교화'라는 명분으로 외딴섬 대부도에 어린아이들을 가두고 강제노역을 시킨 '아동판 삼청교육대'였다. 진실화해위원회의 진실 규명이 이뤄진 후 생존 피해자와 유가족 여러분께 공식적으로 사과했다. 참석자 한 분 한 분의 손을 잡고 고개를 숙였다. 참석한 피해자 대부분이 눈물을 흘렸다. 한 분은 "선감도 사건 이후 오늘 처음으로 발을 뻗고 잘 수 있을 것 같다"며 소리 내어 울었다. 피해자 매장지를 방문해 희생자 또래 아이들이 가장 좋아하는 빵과 과자를 준비해서 무릎 꿇고 바쳤다. 피해자에게 일시불 보상금과 매달 생활보조금을 지급하고 있다. 의료와 트라우마 치료를 제공하고 약제비도 추가 지원했다. 경기도에 피해자가 77분 거주한다고 해서 100명분 예산을 편성했다. 경기도에 거주하지 않는 피해자는 선거법에 저촉돼서 혜택을 드릴 수가 없었다. 타 지역에 거주하는 피해자분들도 경기도로 오시면 환영하고 혜택을 드린다고 했다. 지금은 150분 가까이가 혜택을 받고 있다. 사실은 어디 사시건 나라가 마땅히 해드려야 할 일이다.

이와 같이 경기도에서 각고의 노력을 기울여왔으나, 불안하다. 이대로 간다면 대한민국 경제가 어떻게 될지, 민생은 얼마나 더 어려워질지 걱정이다. 기술 진보로 산업경쟁력, 국가경쟁력을 강화해도 모자랄 판에 우리는 점점 뒤떨어지고 있다. 수년 후면 국제경쟁력을 갖춘 산업이 하나도 없을 거라고 우려할 정도의 위기 속에 있다. 게다가 국제경제 질서가 완전 재편되고 트럼프 2기 행정부의 출범으로 관세 압력 등 대외 여건이 악화되고 있는데 우리는 손을 놓고 있다. 다른 나라들은 트럼프 정부와 협상이라도 하고 있는데 리더십 공백 상태인 우리는 청구서만 계속 받고 있다. 정말 걱정이다.

Trust in Korea!

분노의 12월이 지나고 해가 바뀌었다. 나는 새해 1월 '대한민국 비상 경영 3대 조치'를 제안했다. 이대로는 우리 경제의 앞날이 보이지 않아서였다. 정파를 떠나 충정으로 우리 경제에서 당장 해야 할 일들을 제안했다. 설 명절 전에 50조 원 규모의 슈퍼추경 추진. 트럼프 2기 대응 비상체제 가동. 기업의 기 살리기. 경제 살리기에서만큼은 여야가 힘을 모은다는 희망을 국민에게 줘야 했다. 하지만 정부도, 둘로 쪼개져 싸우기 바쁜 국회도 묵묵부답이었다. '경제의 시간'이 그렇게 흘러가고 있다.

그런 소용돌이 속에서 매년 1월 스위스에서 열리는 다보스포럼에 참석했다. 세계 경제올림픽인 다보스포럼에는 전 세계 정치, 경제, 기업, 학계 지도자들이 머리를 맞대고 현안을 놓고 토론하고 해결 방안을 모색한다. 한국 정치인 중에 초대받은 사람은 나 하나뿐이었다. 마침 트럼프 취임식이 다보스 개막일과 겹쳤다. 한국의 정치인들은 워싱턴으로 향했지만, 나는 다보스를 선택했다. 트럼프 취임식에도 초청을 받았지만 실속 없이 사진만 찍고 오는 쇼가 될 것이 뻔했기 때문이다. 트럼프 측의 의미 있는 인사 그 누구도 만날 수 없을 것이 뻔했다.

정치인 중 홀로 다보스로 향하면서 내 임무를 스스로 정했다. '한국경제의 잠재력과 회복탄력성에 대한 확신을 주자.' 비록 야당 정치인이지만 한국경제 국가대표 선수라는 생각으로 혼란에 빠진 한국 상황을 설명하고 우리 경제에 대한 신뢰를 회복시키자. 내 영문 명함에 직접 손으로 'Trust in Korea! (한국을 믿어라!)'라고 써서 만나는 지도자들에게 나눠주었다. 받는 이마다 아주 좋은 아이디어라고 덕담을 해주곤 했다.

그러나 가슴이 답답했다. 각국의 지도자들은 당면한 이슈를 놓고 치열하게 고민하고 토론하는데, 한국의 지도자들은 도대체 어떤 문제에 관심을 갖고, 무얼 하고 있나. 다보스에 모인 지도자들과는 달리 정쟁, 기득권 유지, 편 가르기, 내전 수준의 증오 정치에 힘을 쏟고 있지 않은가.

주최 측인 세계경제포럼(World Economic Forum)에서는 내가 주재하는 세션을 두 개나 만들었다. 하나는 외신 미디어들과 함께 하는 세션이었고 다른 하나는 국제적인 유니콘

다보스포럼에서 세계 각국의 지도자들에게 나눠준 명함

기업을 위한 세션이었다. 한국 상황을 상세히 설명했고, 우리 경제의 잠재력과 회복탄력성을 역설했다. 두 가지 조건을 전제했다. 정치적 불확실성의 조기 제거와 새 정부 경제정책의 대전환이었다.

둘 다 자신 있었다. 첫째, 정치적 불확실성은 곧 제거될 것이다. 시민의 힘으로 막은 계엄과 내란. 내란의 종식은 시간문제다. 온 국민이 현장 중계로 지켜본 불법 계엄의 현행범. 탄핵은 당연하다. 조기 대선과 정권교체도 당연하다. 결국 정치적 불확실성은 곧 걷힌다. 둘째, 경제정책의 대전환이 이뤄질 것이다. 새 정부가 들어서면 윤석열 정부의 역주행이 끝나고 정주행이 시작될 것이다. 새로운 국가 비전 아래 재정, 산업, 기후변화 대응, 돌봄, 복지, 사회적 경제 모든 부문에서 새 정책 콘텐츠가 만들어질 것이다.

그런데 지금 이 글을 쓰는 이 순간 대한민국에 다시 어두운 그림자가 드리우고 있다. 정치적 불확실성이 짙어지고 있다. 상상할 수 없는 일이 계속 벌어지고 있다. 내란 주범 윤석열이 마치 개선장군처럼 손을 흔들며 구치소를 걸어 나왔다. 나라를 이리도 절단내 놓고 불의로부터 탄압받는 정의인 양 걸어 나왔다. "구치소에서도 배울 게 많더라"라는 오만하기 짝이 없는 말을 하면서 걸어 나왔다. 경호차에서 내려 걷는 것은 대통령이 스스로 결정하지 않으면 할 수 없는 일이다. 마치 당선된 날 아침처럼 뻔뻔한 모습으로 차에서 내려 지지자들에게 웃으며 사인을 보냈다. 도대체 온전한 정신을 가진 사람인가.

극우세력의 준동이 거세지고 있다. 정치적 이익, 유튜브 수익에 눈이 멀어 계엄과 내란을 옹호하는 자들이 있다. 여당인 국민의힘은 계엄의 부역자 역할을 하더니 탄핵에 반대하는 여론에 불을 붙이고 있다. 자신들의 정치적 득실만 따지기 때문이다. 희망을 만들어야 할 민주당도 성숙한 모습을 보여주지 못하고 있다. 아직도 분열의 언어, 정쟁에 사로잡힌 모습이 나온다. 표를 생각하고 민주당이 추구하는 가치와 동떨어진 정책을 섣불리 꺼내기도 한다. 여도 야도 마찬가지다. 소탐대실. 작은 이득을 좇다간 더 중요한 국민의 신뢰를 잃는다.

이래선 안 된다. 불법 계엄에 단호하게 반대하는 모든 세력의 힘을 하나로 모아야 한다. 민주당이 그 길에 앞장서야 한다. 당리당략이나 개인의 권력욕, 정치공학을 고민할 때가 아니다. 국민에게 희망을 주는 비전을 제시해야 한다. 헌정질서 파괴 세력에 단호하게 맞서겠다는 각오를 단단히 한다. 다보스포럼에서 자신있게 했던 말, 'Trust in Korea!'를 실천하겠다는 다짐을 다시 해본다.

불법 계엄 세력으로부터 대한민국을 지켜낸 시민들과 함께

6장

우리가 다시 만날 대한민국

'힘내라! 대한민국!'

어느 폐업한 자영업자의 가게 앞에 나붙은 종이 한 장이 나를 부끄럽게 한다. 국가가 국민을 걱정하는 것이 아니라, 국민이 국가를 걱정하고 있다. 우리 정치인 모두가 부끄러워해야 할 일이다. 국민이 꿈꾸는 나라가 그리 멀리 있지 않다고 생각했다. 하지만 지난 몇 개월, 국민이 바라는 그 꿈이 절대 공짜로 이뤄질 수 없는 것임을 눈으로 확인했다. 국민은 절망하고 분노했다.

그런 상황에서도 정치는 길을 찾지 못했다. 결국 다시 국민이 나섰다. 계엄에 맨몸으로 맞서 싸웠다. 계몽이라고 주장하는 권력자를 법 앞에 세웠다. 민주주의를 지켰던 힘으로, IMF로 인해 부도 위기에 빠진 나라를 지켜낸 의지로, 코로나19로 무너진 일상을 견딘 끈기로, 나라를 지켜낸 건 또다시 국민이었다.

정권교체는 당연하다. 하지만 정권교체 이상이 필요하다. 국민은 삶의 교체를 원한다. 서로 믿고 의지하는 공동체를 바란다. 그리고 그 절박함은 어느 때보다 간절하다.

We are rebels, we are one(우린 반란자들, 우리는 하나야).

요즘 젊은 세대에게 인기 있는 IVE(아이브)의 노래 가사 한 구절이다. 노래 가사처럼, 비상식적인 현실에 대한 국민의 반란은 이미 시작됐다. 이번만큼은 세상을 완전히 바꿀 때까지 멈추지 않을 것이다.

청년들과 함께 경기도지사 공관 '도담소'에서

모두의 나라, 내 삶의 선진국

"성공한 나라, 불안한 시민" 어느 책 제목이다. 지금 우리나라 상황을 가장 잘 보여준다. 한국은 눈부신 경제성장을 했다. 10위권 경제대국이 됐다. 2023년 기준, 한국의 1인당 명목 GDP는 35,563달러였다. 같은 해 일본의 1인당 명목 GDP는 33,849달러였다. 한국은 어느덧 '일본보다 잘 사는 나라'가 됐다. 그러나 대한민국은 지금 중병을 앓고 있다. 세계 최저의 출산율, 세계에서 가장 빠른 초고령화, 압도적인 세계 1등의 자살율과 노인빈곤율. 무한경쟁 속에서 각자도생이 만연하고, 사회적 갈등은 심리적 내전에 가까운 상황이다. 대한민국은 '자멸국가'가 될 지도 모른다.

한마디로 '대한민국'은 성공했지만 '국민'은 행복하지 못하다. 왜 이렇게 됐을까? 어떤 사람은 자본주의의 본질적 한계 때문이라고 한다. 어떤 사람들은 민주주의가 제대로 작동하지 않기 때문이라고도 한다. 그러나 문제의 핵심은 불평등과 양극화다. 한국에서는 유독 불평등과 양극화가 심해졌다. 중산층은 점점 얇아졌다. 경제적 불평등이 사회 통합을 해치고, 이것이 다시 정치적 분열과 갈등을 키우고 있다. 경제 위기가 정치 위기를 가져오고, 정치적 의사결정의 위기가 다시 경제 위기를 키우는 악순환이 반복되고 있다. 바짝 마른 들판에서 '불'이 옮겨붙기 쉬운 것처럼, 불평등과 양극화가 심한 사회에서는 '불안과 갈등'이 빠르게 퍼지기 마련이다.

무엇을 바꿔야 할까? 불평등과 양극화를 초래하는 승자독식 구조를 해결해야 한다. 정치, 경제, 사회, 교육 등 우리 사회 전반에 걸쳐 승자독식 구조가 고착화돼 있다. 더 많은 기회, 더 고른 기회를 가로막고 있다. 공정, 포용, 혁신, 통합의 가치를 해치고 있다. 승자독식 구조가 해결되지 않으면 어떤 정책이나 공약도 성공할 수가 없다. 불균형은 더 심해지고 우리 사회는 점점 후퇴할 것이다. 승자독식 구조를 깨고 불평등과 갈등을 해소하는 나라가 바로 '**모두의 나라, 내 삶의 선진국**'이다.

'**모두의 나라**'는 국민이 존중받는 나라다. 모두가 자기 꿈과 역량을 실현하는 나라다. 대통령의 나라도 아니고, 어느 특정 정치세력의 나라도 아니다. 국민이 주인인 나라다. 모두가 하나의 생각을 가져야 하는 것이 아니다. 나와 다른 생각을 가진 사람이라도 함께 살아갈 수 있는 나라다. '공화(共和)의 재발견'이 필요하다. 공화의 진정한 가치는 공존, 다수자와 소수자의 통합, 다양성이다. 개인의 자유를 존중하면서도 공동체 의식과 책임이 굳건해야 한다. 생각의 차이나 이해충돌이 '만인의 만인에 대한 투쟁'으로 번져서는 안 된다. '공화의 재발견'으로 정치를 정상화해야 분열과 대립으로 갈라진 사회를 극복할 수 있다.

'내 삶의 선진국'은 나라가 아니라 국민이 잘 사는 나라다. 경제규모에 맞게 '삶의 질'을 세계 10위권으로 끌어올려야 한다. 국민 개개인의 삶의 질 향상이 뒷받침돼야 '모두의 나라'도 가능하다. '성장의 재발견'이 필요하다. 경제규모의 성장이 아니라 국민 삶의 성장이 중요하다. GDP가 높아진다고 행복해지는 것이 아니다. 국민 행복이 지속가능한 경제성장의 원동력이다. 소수 엘리트, 재벌, 수출에 의존한 성장에서 벗어나 모든 시민이 창의적 혁신의 주역으로 참여하는 포용적 성장모델을 구축해야 한다. 수출과 내수, 대기업과 중소기업이 건강한 균형을 이뤄야 한다.

정책에서도 경제규모가 아니라 국민의 삶을 중심에 둬

야 한다. GDP 수치보다 소득 불평등 지수, 노동시간, 행복도, 신뢰 수준을 더 고려해야 한다. 지속가능한 성장으로 방향을 전환해야 한다. 환경오염, 사회 불평등, 삶의 불안정성이 삶의 질을 저하시키고 미래 세대의 번영도 해친다. 이와 더불어 소외계층의 경제적 기회 확대와 사회적 이동성 제고도 중요하다. 교육과 의료 서비스는 사회적 불평등 완화의 핵심이다. 이런 다각적인 노력이 있어야 국민 모두의 삶을 향상시킬 수 있다.

'모두의 나라'와 '내 삶의 선진국'은 동전의 양면이다. 서로 영향을 끼치며 선순환한다. 모두가 존중받는 나라여야 국민의 삶이 향상되고, 우리 삶의 질이 향상돼야 통합과 협력이 더욱 굳건해진다. 모두의 나라와 내 삶의 선진국은 새로운 대한민국을 굴러가게 하는 두 바퀴다. 두 바퀴가 힘차게 굴러야 새로운 미래로 갈 수 있다. 87년 체제를 넘어 제7공화국을 열 수 있다. 그리고 그 두 바퀴를 힘차게 돌리기 위한 방법이 바로 '기득권 깨기'와 '경제대연정'이다.

기득권 깨기

오래전부터 일관되게 기득권 깨기를 주장했다. 모두의 나라, 내 삶의 선진국은 특정 정치세력이나 기득권층의 나라에서 탈피하는 것에서부터 출발한다. 이번 계엄과 내란도 특권과 기득권에 기댄 권력의 사유화가 그 원인 중 하나였다. 권력기관과 공직사회가 국가와 국민이 아닌 조직과 개인에 충성했다. 전관예우는 기득권 카르텔을 만들었고, 정치권마저 기득권화되어서 극단적 대결정치가 심화됐다. 대한민국 기득권은 이미 그 임계치를 넘었다. 권력기관, 공직사회, 정치권에 이르는 '기득권 공화국'을 해체해야 한다. 기득권 공화국을 기회 공화국으로 만들어야 한다. 그래야 새로운 대한민국으로 나아갈 수 있다.

첫째로 '대한민국 3대 권력기관'인 대통령실, 기획재정부, 검찰의 기득권을 깨야 한다.

대통령실의 규모와 권한을 축소해야 한다. 기존의 1/5 수준인 100여 명으로 줄이고, 정부 부처 위에 군림하는 '상왕실'이 아닌 프로젝트 조직으로 만들어야 한다. 대통령은 비서들이 아니라 책임총리, 책임장관과 함께 국정을 운영해야 한다. 대통령에게 부여된 거부권, 사면권도 제한되어야 한다. 대통령 자신과 관련된 사안에 대한 거부권, 내란과 법치 파괴범에 대한 사면권은 특히 엄격하게 금지해야 한다. '내란 소굴' 용산에서 하루빨리 벗어나야 한다. 다음 대통령은 당선 즉시, 부처가 있는 세종에서 업무를 시작해야 한다. 대통령 경호처도 경찰청 산하 대통령 경호국으로 전환해야 한다.

기획재정부와 검찰은 해체 수준으로 개편해야 한다. 기획재정부는 예산 기능을 완전히 분리해서 재정경제부-기획예산처 모델로 전환하고, 중앙정부 재정 권한을 지방으로 대폭 이양해서 '재정연방제' 수준의 실질적 재정분권을 이뤄야 한다. 검찰도 수사-기소를 완전 분리해 검찰을 '기소청'으로 전환해야 한다. 법무부의 검찰독점 구조를 완전히 해체해야 한다. 아울러 비정상적인 초임검사 3급 대우는 5급 대우로 '정상화'해야 한다.

둘째로 공직사회와 법조계의 공고한 '전관 카르텔' 기득

권을 타파해야 한다.

대한민국 기득권 순환고리의 정점에 '로펌'이 있다. 가히 '로펌 공화국'이라 해도 과언이 아닐 정도다. 입법, 사법, 행정에 이르기까지 '전관 카르텔'의 정점이 로펌이다. 로펌과 고위공직자 사이의 기득권 순환고리를 끊어야 한다. 장·차관 이상의 고위공직자, 부장급 이상의 판·검사는 퇴직 후 5년간 60대 대형 로펌에 취업을 금지해야 한다. '한덕수 방지법'도 필요하다. 전직 공직자가 로펌에 취업하고 또다시 공직으로 돌아오는 '회전문 임용'을 막아야 한다. 국민 세금으로 쌓은 공직자의 경륜은 '의뢰인'이 아니라 '나라와 국민'을 위해 쓰여야 한다. '윤석열 방지법'도 필요하다. 부장급 이상의 판·검사는 퇴직 후 적어도 3년간 선출직 출마를 금지해야 한다. 그래야 '정치와 법조 카르텔'을 끊어낼 수 있다.

공무원 채용방식도 다양화해야 한다. 5급 행정고시를 폐지하고 민간 개방형·공모제 등을 확대해야 한다. 고시로 공직자를 선발하는 나라는 거의 없다. 순혈주의, 조직 이기주의가 공직사회 '기득권 카르텔'의 토대가 되고 있다. 이제 하위직급에도 공정한 경쟁을 촉진하고 다양한 기회를 제공해야 한다.

셋째로 정치 기득권을 타파해야 한다.

거대 양당의 기득권과 국회의원 특권을 내려놓아야 한다. 2022년 제20대 대통령 선거 때 이재명 후보와 후보단일화를 하면서 이에 대한 약속을 했다. 같은 해 민주당 전당대회에서 전 당원 투표와 93%가 넘는 지지로 채택한 '정치교체 선언문'의 내용이기도 하다. 최근 이재명 대표는 국회 교섭단체 대표 연설에서 국회의원 소환제 도입을 주장했다. 이제 말이 아니라 행동으로 보여줘야 할 때다. 아울러 국회의원 불체포특권, 면책특권도 폐지해야 한다. 요컨대, 정치는 직업이 아니라 봉사의 수단이 돼야 한다.

양당 기득권을 떠받치는 승자독식 선거제도는 반드시 개혁해야 한다. 국민 대표성과 비례성을 높여야 한다. 대통령 결선투표제도 도입해야 한다. 교섭단체 구성 기준은 지금이라도 10석으로 완화해야 한다. 민심을 왜곡하는 국회 운영은 그 자체로 비민주적이다. 이 부분을 공약까지 했던 민주당이 앞장서서 기득권을 내려놔야 한다.

거대 양당이 과점하고 있는 정당 보조금제도를 폐지해야 한다. 대신 모든 유권자에게 '정치후원 바우처'를 지급해서 정당, 국회의원, 지방의원까지 직접 후원할 수 있게 해야 한다. 거대 양당의 적대적 공생관계를 끊고 타협과 협치의 길을 열어야 한다.

'기득권 체제' 속에서 대한민국의 미래는 없다. '기득권 깨기'가 '빛의 혁명'을 완수하는 길이다. 공고한 기득권의 민낯이 드러난 지금이 가장 좋은 기회다. 대한민국을 '리셋'하자. '기득권 공화국'을 해체하고 '제7공화국'을 '기회 공화국'으로 열어야 한다. 그래야 '모두의 나라, 내 삶의 선진국'을 열 수 있다. 그래야 새로운 대한민국의 미래가 있다.

경제대연정

우리 정치에 비전과 정책은 사라졌다. 조기 대선, 지방 선거를 염두에 둔 정치공학, 권력투쟁만 보인다. 탄핵 열차가 종착지를 향해 가고 있다. 탄핵만으로는 안 된다. 정권교체만으로도 안 된다. 정권교체 그 이상의 교체, 국민 삶의 교체가 있어야 한다.

정권이 바뀌어도 개혁은 이어가야 한다. 문제를 회피하며 부분적인 제도 개편, 정책 조정으로 면피한 세월이 벌써 30년이다. 그러면서 기존 제도의 비효율과 불합리는 점점 커지고 있다. 경제대연정, 정파간의 빅딜이 꼭 필요한 이유다. 정치 이념을 초월한 개혁 청사진에 합의하고, 정권이 바뀌어도 실천하기로 약속하는 것이 바로 '경제대연정'이다.

이제는 경제다. 꺼져가는 성장엔진을 되살리기 위해서는 정파를 떠나 모든 경제주체가 힘을 모아야 한다. 경제 어벤져스, 경제 드림팀을 꾸려야 한다. 정치권과 노동·기업계 등에서 자기 머리 깎기를 추진해보자. 진보와 보수가 각각 진영의 금기를 깨고 담대한 경제대연정을 시작하자. 내 삶을 바꾸는 5대 빅딜을 추진해 보자. 이것은 내가 하루이틀 주장한 게 아니다. 경제부총리로 있던 2018년 11월 8일 국회에서 실제로 제안한 적도 있다.

경제만큼은 이념과 프레임 논쟁에서 벗어나 여야 간에 책임 있는 결정을 빨리 할 수 있도록 연정 수준의 토론과 협력을 하자.

경제대연정을 통해 '모두의 나라, 내 삶의 선진국'으로 나아가자.

첫째, 불평등 경제를 극복하는 '기회 경제 빅딜'을 제안한다.

기업이 잘 돼야 경제가 돌아가고 일자리가 생긴다. 불모지나 다름없던 한국경제를 일으킨 건 기업들이었다. 대기업 중심의 '빠른 추격자' 전략으로 이뤄낸 '한강의 기적', 그 이면에는 노동자들의 희생과 중소기업에게 불합리한 경쟁 구조가 있었다. 이제 대기업 중심 성장은 그 한계가 드러났다. 거시적 변동성에 대한 대응도, 글로벌 적응력도 몇몇 대기업에만 의존할 수 없다. 한국경제의 경쟁력 유지에 적신호가 켜졌다.

전환이 불가피하다. '중벤스(중소·벤처·스타트업) 중심 성장'을 국가 핵심과제로 삼아야 한다. 창의적 혁신이 이끄는 성장체제도, 고용창출도 중벤스가 중심이 돼야 가능하다. 인구소멸과 지방소멸 문제 해결도 마찬가지다. 기술·글로벌·디지털 혁신을 주도할 중벤스를 키워야 새로운 기적을 만들 수 있다.

이를 위해서도 대기업의 역할이 꼭 필요하다. 2014년 기준 한국 100대 기업의 자산 총액은 약 3,027조 원으로 우리나라 명목 GDP보다도 500조 원 가까이 많다. 이 자산이 중벤스를 키우고 새로운 경제 활력을 만드는 선순환 구조가 필요하다. 물론 재벌 개혁은 꼭 필요하다. 부당한 일감 몰아주기, 문어발식 경영, 기술 탈취 등의 문제는 반드시 해소해야 한다. 재벌은 개혁하되 대기업은 키워야 한다. 대기업의 미래산업 투자와 일자리, 노동계의 노동시장 구조 개혁과 정년 연장, 정부의 규제혁신과 안전망이 이어지는 '3각 빅딜'이 '기회 경제 빅딜'이다.

먼저 대기업의 미래 전략산업 투자를 중벤스 투자와 연계해야 한다. 정부 모태펀드만으로는 자금 공급이 부족하므로 대기업의 긴급 수혈이 필요하다. 대기업 CVC(Corporate

Venture Capital)*의 외부 자본 조달 제한(40%)과 해외투자 허용 범위(20%)를 완화하고, 과감한 투자에 대한 기업의 합리적 경영 판단은 배임죄 적용 면제를 검토해 대기업과 중벤스 간 협력 생태계에 활력을 불어넣어야 한다. 이 활력이 청년 일자리 창출에도 힘을 보태도록 해야 한다. 100대 대기업이 평균 500명씩 분담하여 5만 명 규모의 프로젝트 기반 인턴 프로그램을 운영하도록 하자. 대기업은 인재 검증 기회를 얻고, 청년들은 대기업 경험을 얻을 수 있다. 또한 대기업·유니콘·해외 진출 창업가들이 직접 운영하는 청년스쿨을 통해 1만 명 인재 육성도 추진하자.

노동시장 구조개혁을 위한 기반도 마련해야 한다. 전 국민 소득보험을 도입하자. 코로나19로 드러난 특수형태근로종사자, 플랫폼노동자, 프리랜서, 자영업자 등 비전통적 노동자들의 불안정성을 해소하기 위해 모든 취업자의 실시간 소득 파악 체계를 구축하고, 고용보험 운영을 '자격 기반'에서 '소득 기반'으로 전환하면 된다. 모두를 위한 소득보험이 구축되면 비정규직 노동시장의 개혁이 가능하다. 비정규직 2년 제한 규정을 폐지하는 대신 근무연한 1년당 정규직

---

* CVC 기업형 벤처캐피털. 대기업 지주회사가 지분 100%로 설립할 수 있는 벤처캐피털 회사.

과의 임금 격차를 20%씩 축소하는 대타협을 추진하자. 5년 후 정규직과 '동일 임금'을 달성하고, 5년 이후에는 무제한 갱신이 가능하도록 하는 노동시장 개혁을 달성할 수 있다. 동시에 노동자의 지위와 업무 환경도 개선할 수 있다.

호봉제 개혁도 필요하다. 호봉제를 직무성과급제로 개편해 임금 문제를 해결하고, 정년을 단계적으로 연장해 국민연금 수급 시기와 일치시켜야 한다. 국민연금 수급 나이가 2033년 65세로 상향되는 상황에서 현행 60세 정년이 유지되면 최대 5년간 소득 절벽이 생긴다. 공공 부문부터 호봉제 개혁을 시작하고, 민간 부문은 직무급제 도입 기업에 세액공제와 지원금을 제공해 자연스러운 전환을 유도하자.

규제개혁에는 전례 없는 파격적인 해법이 필요하다. 실효성 있는 규제개혁을 위해 기획재정부를 기획예산처와 재정경제부로 분리해 기획예산처가 규제개혁 기능을 전담하도록 하자. 또한 현행 총리 주재 규제개혁위원회를 대통령 주재로 변경하고, 국회·감사원·법무부까지 참여시키자. 적극적 규제개혁을 실행하는 부처와 공무원에 대한 면책을 보장하고 불필요한 정책감사 폐지 권한을 부여해야 한다.

한국 주식시장의 가치 재평가가 꼭 필요하다. 코리아 디스카운트 극복을 위해 국민연금, 퇴직연금, 연기금 재무풀 등 이른바 'K-공적연금 삼총사'의 투자금 500조 원을 국내 주식시장에 투입하자. 국민연금은 국내 주식 투자 비중을 현행 12%에서 2배로 늘리고, 퇴직연금은 기금형으로 전환 후 주식 비중을 13%에서 50%로, 연기금 투자풀도 주식 비중을 5%에서 50%까지 높여 주가 5천 시대를 위한 시드머니로 활용하자.

둘째, '서울 공화국' 타파, '지역균형 빅딜'을 제안한다.

지방소멸이 가속화되고 있다. 공공기관 이전이나 초광역권 통합 등 행정적인 대안은 근본적인 대책이 될 수 없다. 지역 자생력을 키우는 확실한 동력은 결국 교육과 일자리다. 대기업과 대학에 파격적인 제안을 해야 한다. 기업과 인재 등 민간 영역을 움직일 수 있는 '빅딜'이 필요한 이유다.

'10개의 대기업 도시'를 만들자. 대기업을 지역으로 이전시켜 첨단 경제도시 10개를 만드는 것이다. 일본 도요타시 (市)가 좋은 사례이다. 도요타 본사와 주요 공장을 모으고 도요타시로 개명해 지금은 일본 최고의 부자 도시 중 하나로 꼽힌다. 10개 대기업 도시를 거점으로 일자리, 사람, 인프라를 확산시키자. 대기업이 본사와 공장, 연구소 등을 이전하면 해당 지역에 LH 공사에게 주는 수준의 도시개발권과 규제 해제 요구권을 부여하는 등 획기적 혜택을 줘야 한다. 세금 혜택도 마찬가지다. 현재 최대 10년인 세제 혜택을 최대 20년으로 늘리고, 법인세, 소득세, 지방세 100% 면제와 근로자 소득세 100% 감면도 고려할 수 있다. 함께 이전하는 협력 중소·중견기업, 벤처·스타트업에는 상속세 감면 혜택 제공도 검토하자. 지역은행 등 금융업 설립 허용도 충분히 검토해볼 수 있다.

'서울대 10개 만들기' 프로젝트도 추진하자. 10개 대기업 도시와 연계한 10개 지역 거점 대학에 대한 투자를 서울대 수준으로 대폭 확대하자. 연 5천억 원 규모, 현재의 3배 수준이다. 우수한 학생과 교원을 확보해야 한다. 10개 대학 모든 대학생에 4년 전액 장학금을 지원하고, 교원의 국내외 겸직 허용과 소득세 면제 확대를 추진하자. 10개 거점 대학은 각 지역에 맞게 특화된 '서울대'가 될 것이다. 파격적 지원을 받는 대신 지역의 기업들이 필요로 하는 중점 학과 중심으로 대학을 특성화하고, 각 대학병원은 특수의료 분야를 중점 육성하자. 아울러 지역과 소득에 따른 '비례입학제'를 대폭 확대하자. 10개 지역 거점 대학과 서울의 국립대는 최대 50%, 주요 사립대는 30%까지 지역·소득 비례로 선발하게 하자. 과도한 수도권 집중을 막고 대학 서열화 해소에도 기여할 것이다. 특히, 학령인구 감소에 맞춰 초중등 교육 재원 일부를 고등교육으로 전환하자. 지방교육재정교부금 90조 원 중 매년 일정비율을 고등교육특별회계로 이전해

인재 양성에 투자하는 것이다.

또, 수도 이전을 완성해야 한다. 세종·충청 지역을 명실상부한 수도로 발전시켜야 한다. 다음 대통령은 당선 즉시 내란의 소굴인 용산에서 벗어나 부처가 있는 세종으로 옮기자. '세종 대통령실'로 세종시는 명실상부한 수도가 될 것이다. 2028년 준공 예정인 '세종 국회의사당' 등 입법부, 사법부까지 세종과 충청권에 자리를 잡는다면 국가균형발전에 확실한 진전이 있을 것이다. 나아가 헌법 개정을 통해 수도 이전이 가능하도록 명문화하자. 새로운 대한민국의 미래가 지역균형 빅딜에 달려 있다. 이제 '서울 공화국'을 해체하고, 대한민국 삶의 지도, 새판을 짜야 한다.

셋째, '기후 경제 빅딜'을 제안한다.

기후 경제는 미래경제다. 기후위기에 제대로 대응하지 못하면 경제성장률이 매년 0.3%포인트씩 하락하고, 2100년에는 GDP가 21%포인트 줄어들 것이라고 한국은행이 경고했다. EU의 탄소국경조정세*, RE100 등 글로벌 탄소 규제는 이미 발등에 떨어진 불이다. 그러나 윤석열 정부

---

* 탄소국경조정세(CBAM) 자국보다 이산화탄소 배출이 많은 국가에서 생산·수입되는 제품에 대해 부과하는 관세.

집권 2년 7개월 대한민국은 '기후 내란' 상태였다. 윤석열 정부의 역행으로 재생에너지 발전 비율은 OECD 최하위, 기후위기 대응 수준도 세계 최하위권이다. 작년 다보스포럼에 참석했을 때 국제에너지기구 사무총장으로부터 '한국은 OECD 국가 중 유일하게 재생에너지 발전 비율이 감축된 나라'라는 경고 메시지를 받기도 했다.

역주행을 뛰어넘을 퀀텀점프가 필요하다. 기후위기를 기회로 삼는 대전환을 만들어야 한다. 1970년대 중공업 기반 경제, 2000년대 디지털 경제가 대한민국을 이끌었듯이 이제는 기후 경제로 대한민국 경제를 대전환해야 한다. 이를 위해 기후 경제 대전환 3대 전략을 제안한다.

먼저, 기후 산업에 최소 400조 원 이상 투자하자. 대국민 클라우드펀딩 방식으로 국민기후펀드 100조 원, 기후채권 발행과 공공 금융기관 출자로 100조 원을 조성해 총 200조 원의 재원을 마련하자. 이 재원을 재생에너지 산업과 기후테크 기술 개발에 집중 투자하고, 전문 인력도 육성하자. 대한민국 기후 산업 역량을 강화하는 동시에 철강, 자동차, 반도체, 디스플레이 등 주력 산업 전반을 저탄소 중심으로 전환하자.

동시에 글로벌 탄소규제 대응에 경쟁력을 갖춰야 한다. 100조 원 규모의 기후보증기금을 조성해 담보 능력이 부족한 기후 산업 기업들이 성장할 수 있는 발판을 만들어야 한다. 또한 100조 원 규모의 민자 유치로 신재생에너지 전력망을 구축해야 한다. 현재 한전 중심의 전력망 투자와 운영은 급증하는 에너지 수요를 따라가지 못하고 있다. 도로, 항만, 건설 등에 활용되는 BTL(임대형 민자사업) 방식은 민간이 자금을 투자하여 사회기반시설을 건설한 후, 정부나 지자체에 소유권을 이전하고 시설을 임대하는 방식이다. BTL 방식을 도입하면 정부의 재정부담 없이 빠르게 신재생에너지 전력망을 구축할 수 있다.

다음으로, 에너지 전환을 앞당기자. 윤석열 정부는 석탄발전소 전면 폐지 계획을 수정하고 마지막 석탄발전소의 상업 운영마저 허용했다. 석탄발전 폐쇄가 전제되지 않는다면 2050년 탄소중립 실현은 불가능하다. 2040년까지 석탄발전소를 전면 폐쇄하는 동시에 단계적으로 신재생에너지 설비 용량을 늘리자. 전력 공급에 차질이 없도록 철저히 준비해야 한다. 동시에 에너지 저장 시스템, 수소연료전지 등 혁신기술 개발을 적극 지원하고, 송전 시스템 디지털 전환을 앞당겨야 한다. 탄소세를 단계적으로 도입해 기업과 국민의 탄소 배출을 줄여나가는 동시에 확보되는 세수는 신재생에너지 투자와 저소득층 에너지 복지에 지원하도록 해야 한다.

마지막으로 기후 경제 거버넌스를 구축하자. 기후경제부를 신설해 강력한 컨트롤타워를 마련하고 기후 경제 추진체계를 일원화해서 통합적인 기후 대응과 산업 전환을 이루어야 한다. 기후투자공사를 설립해 지속가능한 성장에 투자해야 한다. 기후 분야 전문성을 바탕으로 녹색금융을 활성화하고, 장기적 관점에서 RE100 기업과 기후테크 산업을 육성해야 한다. 기후복지법을 제정해서 기후 격차 해소를 위한 제도적 지원 근거를 마련하자. 또한 경기도에 도입한 기후보험을 전국적으로 확대해 기후변화로 인한 국민 건강 피해를 예방하고 회복을 지원하도록 하자.

넷째, '돌봄경제 빅딜'과 간병국가책임제 4대 전략을 제안한다.

국민을 돌보는 것은 국가의 가장 기본적인 책무이다. 역대 정부는 돌봄의 울타리를 넓히고 빈틈을 메워왔다. 김대중 대통령의 건강보험, 노무현 대통령의 노인장기요양보험, 문재인 대통령의 치매국가책임제 등이 면면히 이어져 왔다. 그러나 윤석열 정부는 국민을 돌보기는커녕 각자도생의 정글로 내몰았다. '간병비 걱정 없는 나라'를 만들겠다는 약속은 말뿐이었다. 지난 2년 동안 간호·간병 통합 서비스는 시범사업에서 한 걸음도 나아가지 못했다. 척추질환·재활병동 중심의 간병 시스템도 정작 중증환자들에게 실질적인 도움이 못 되고 있다.

이제 대한민국의 돌봄정책도 한 단계 더 나아가야 한다. 국민 한 사람 한 사람의 삶을 더 깊고 넓게 돌봐야 한다. 몸이 아파도, 나이가 들어도 내일이 두렵지 않은 세상을 만들어야 한다. 새 지평을 열어야 한다.

간병비 부담은 국가가 책임지도록 하자. 이를 위해 우선 '간병급여'를 국민건강보험 의료급여 항목에 포함시켜야 한다. 단계적으로 급여화하고 환자의 필요 정도에 따라 간병비를 지원해 환자와 가족들의 부담을 줄여야 한다. '간호·간병 통합병동'도 대폭 확대해야 한다. 상급 종합병원부터 종합병원까지 전 병동에 간호·간병 통합병동 운영을 허용하자. 건강보험 누적 적립금 30조 원을 활용하면 지금도 충분히 가능하다. 간호·간병 시스템도 함께 개선해 간병이 절실한 환자부터 인력이 배치될 수 있도록 해야 한다.

다음으로, 간병 취약층을 위한 주거 인프라를 구축하자. 우선 노인주택 100만 호를 지원하자. 주택 80만 호를 개조해서 계단과 문턱을 없애고 어르신들의 독립 생활이 가능한 주거환경을 만들어야 한다. 국민연금과 기초연금 수령액으로도 충분히 감당할 수 있는 반값 '공동 간병 지원 주택'을 20만 호 이상 확충해야 한다. 어르신 한 분이나 부부가 독립된 공간에서 생활하고, 간병인이 365일 24시간 상주해 돌봄을 제공하는 공동주택이다. 아울러, 재택의료, 재가요양 인프라도 확충해야 한다. 응급 버튼, 안전 감지기 등 스마트홈 설치를 함께 지원해 '정든 곳에서 나이 들기'가 가능하도록 하자.

또, 365일 주야간 간병 시스템을 도입해야 한다. 이를 위해 2028년까지 주야간 보호시설 1천 개소를 확충해야 한다. 노인장기요양 수급자의 단기보호 이용 일수도 현재 9일에서 20일로 대폭 확대할 것을 제안한다. 이와 동시에 '돌봄 24시간 응급 의료 핫라인'과 '재택의료 네트워크' 구축도 필요하다. 위급 상황이 발생했을 때 주치의와 응급 의료진이 즉시 방문할 수 있는 시스템을 갖추어야 한다. 의료·간호·재활·돌봄 연계 서비스와 야간·응급 모니터링 체계를 구축해 병원 방문이 어려운 분들의 건강 관리도 지원해야 한다. 돌봄 로봇, AI기반 스마트 간병 기술, IoT 건강 모니터링 등 돌봄 가족의 부담을 줄일 수 있는 '스마트 간병 시스템' 구축도 필요하다.

마지막으로, 간병 일자리를 좋은 일자리로 만들자. 간병 돌봄에 대한 수요는 많지만 처우는 열악하다. 2022년 기준, 간병인 세 명 중 두 명이 비정규직이다. 월평균 120만 원의 저임금을 받으며 과중한 노동환경에 처해있다. 돌봄 종사자 양성과 관리를 국가가 주도하면서, 질 높은 간병 서비스를 위해 간병인의 임금과 처우를 개선하자. 돌봄 종사자의 전문성을 높이고 개인의 역량 편차를 좁혀야 한다. AI 기반 실시간 원격 모니터링을 강화해 노동 강도와 야간 간병 부담을 줄여 지속가능한 간병 시스템으로 개선해야 한다.

'간병국가책임제 4대 전략'은 환자에게는 안정적인 회복을, 가족에게는 간병 걱정 없는 일상을, 간병인에게는 좋은 일자리를 제공하는 모두를 위한 해법이 될 것이다.

다섯째, 경제대연정의 실천을 위한 '세금-재정 빅딜'을 제안한다.

감세로 무너진 나라를 감세로 일으켜 세울 수 없다. 포퓰리즘, 표를 얻기 위한 정치권의 경쟁적인 감세 주장은 무책임한 일이다. 지금 우리에게 필요한 것은 감세가 아니라 적극적인 재정의 역할이다.

향후 5년간 국가 채무 비율이 5%포인트 올라가는 것을 감수하자고 국민에게 호소하자. 그렇게 만든 총 200조 원을 경제 빅딜을 이루는 데 집중 투자하자. 더 나아가 필요하다면 증세도 말할 수 있어야 한다. 증세 없는 복지는 가능하지 않다. 우선 여러 세목에 걸쳐 있는 공제 등 비과세 감면 조항을 정리하고 증세에 대한 논의를 시작하자.

빛의 혁명 이후 다시 만날 대한민국은 달라야 한다. 윤석열 없는 윤석열 체제로 다시 돌아갈 수는 더더욱 없다. 정권교체, 그 이상의 교체인 삶의 교체를 이루어내야 한다. 앞으로 3년이 향후 30년을 좌우할 것이다. 3년 안에 파격적인 '경제대연정', 신속하고 과감한 '빅딜'로 대한민국 대전환의 역사를 만들어 나가야 한다.

그대, 함께 가자

최근 한 유튜브 방송에서 "나에게 정치란 무엇인가?"라는 질문을 받았다. 주저 없이 나의 정치는 '반란'이라고 답했다. 국민의 삶을 제대로 한번 바꿔보겠다고 시작한 게 나의 정치다. 전쟁 같은 국민의 삶과 끝없는 정쟁에 마침표를 찍기 위해 시작한 반란이다.

반란이란 말이 낯설고 두렵다는 말을 많이 들었다. 성공한 사람이 왜 그런 말을 좋아하냐는 질문도 받았다. 돌이켜보면 내 인생에 있어 중요한 선택과 결단은 모두 반란이었다. 과거의 내가 새로운 나로 바뀐 것도 그때마다였다. 내 모든 반란은 진심이었고 절박했다. 항상 다른 꿈을 꾸었고 주어진 현실과 결별하려 애썼다. 아이러니하게도 결별하기 위해 애쓸수록 같은 꿈을 꾸는 사람들이 그 결별에 함께 해주었다.

반란은 내 개인적인 경험에 국한된 것이 아니다. 따지고 보면 대한민국의 역사도 반란의 역사다. 한국전쟁의 폐허를 극복하겠다고 시작한 반란은 산업화로 이어졌다. 굶주림에서 좀 벗어나자는 열망의 결실이었다. 독재에 맞선 반란은 민주화를 이뤄냈고 국민주권을 실현했다. IMF 외환위기, 2008년 글로벌 금융위기, 코로나19 팬데믹까지 주어진 현실을 그렇게 극복해냈다.

최근에는 'K-신화'가 전 세계를 휩쓸고 있다. 이미 세계 최고의 반열에 올라선 반도체와 자동차, 휴대폰, 조선 산업에 더해 K-한류의 주역 BTS, 아카데미를 점령한 봉준호 감독의 영화, 한강의 노벨 문학상 수상에 이르기까지 그 사례는 예술, 문화 전반에서 폭넓게 뻗어나가고 있다. 세계가 눈여겨보는 반란이고 모든 게 우리 국민이 합심하고 협력하여 만든 결과다.

이렇듯 대한민국 국민은 기회만 주어지면 세계 어디서나 무한한 역량을 발휘해 왔다. 한국인의 피에는 굽힐 줄 모르는 생존력, 창의력을 갖춘 개척자 정신, 강인한 집단의지로 특징지을 수 있는 반란의 DNA가 존재하는 게 분명하다. 20세기와 21세기의 가장 놀라운 변화를 일으킨 나라, 석유 한 방울 나지 않는 나라 중 가장 성공한 국가라는 건 세계 공통의 평가다. 우리가 가진 반란의 DNA는 다른 말로 '역동성'이다.

그런데 어느 순간부터 대한민국에서 역동성이 사라졌다. 기회의 사다리를 걷어차는 데 주저함이 없는 기득권, 진영 양극단으로 갈라진 정치, 역사상 가장 똑똑한데도 부모보다 가난한 최초의 세대가 될 위기에 처한 청년들, 세계 최하위의 출산율, 최고 수준의 노인 빈곤율과 자살률까지. 역동성이 실종된 한국 사회는 정체를 넘어 급격한 소멸을 향해 나아가는 상황이다.

이런 상황에도 불구하고 정치는 국민에게 아무런 희망을 주지 못했다. 오히려 분열을 부추겼다. 모든 문제가 진영논리의 빌미가 되었다. 정치인들은 위기라는 말만 외쳤을 뿐 한 걸음도 나아가지 못했다.

이대로는 안 된다. 새로운 반란이 필요하다. 경제와 사회의 틀을 근본적으로 바꿔야 한다. 'Buy Korea'가 아닌 'Bye Korea'가 필요하다. 무엇보다 지금의 대한민국과의 '결별'을 두려워하지 말아야 한다. 반란을 통해 국민이 창의력과 역동성을 펼칠 수 있게 해야 한다. 산업화 세력의 빛바랜 영광을 넘어서자. 민주화 세력의 자랑스러운 성과 또한 역사의 한 페이지에 남겨두자. 여야, 진보·보수 각자의 입장만을 고집하고 타협하지 않는 싸움질도 그만두자.

익숙한 것과의 결별은 반드시 기득권 내려놓기와 연결되어야 한다. 승자독식 구조로 고착된 주요 권력기관의 기득권, 공직사회와 법조계의 공고한 '전관 카르텔' 기득권, 나아가 정치 기득권을 타파해야 한다. 기득권 깨기와 더불어 고통 분담도 필요하다. 경제대연정과 5대 빅딜은 내 편 네 편 나누지 말고 고통을 함께 짊어져야 한다는 사회적 대타협에 대한 호소다.

어렵지만 반드시 나아가야 할 길이다. 30년 이상 지속된 갈등과 분열을 지금 치유하고 고치지 않으면 대한민국의 추락이 불 보듯 뻔히 보이기 때문이다. 기득권 깨기와 경제대연정 없이는 우리가 원하고 꿈꾸는 새로운 대한민국으로 결코 나아갈 수 없다.

물론 지금까지 많이 들어본 말일 수도 있다. '믿어봤다, 정권교체도 해봤다, 그런데 그게 무슨 소용이었나' 하는 한탄도 들린다. 핵심은 '진정성'이다. 말만으로는 불가능하다. 지도자, 그중에서도 정치 지도자는 국가와 국민만을 바라보고 책임 있게 논의하고 책임 있게 행동해야 한다. 그 중심에는 이전과는 다른 새로운 리더십이 있어야 한다.

하버드 케네디스쿨의 모식 템킨(Moshik Temkin) 교수는 저서 《다시, 리더란 무엇인가》에서 역사에 남은 리더들에 대해 이렇게 말했다. 위기 앞에서 투사처럼 정면으로 맞서는 리더, 반란자로 매도 당하더라도 국가의 장래를 위해 협상하는 리더, 국민을 감싸안고 헌신하며 죽음도 두려워하지 않는 성자(聖子)같은 리더. 딱 지금 우리에게 필요한 리더의 모습이다. 한마디로 '진심, 비전, 솔선'의 리더십이다. 대한민국의 비전을 제시하고 국민을 다시 움직여 미래로 향하게 하는 꿈을 꾸는 리더십이다.

대한민국 정치 리더의 대부분이 법조인들이다. 법조인은 기본적으로 옳으냐 그르냐를 다투는 사람이다. 과거에 벌어진 일을 재단하는 사람들이다. 물론 지도자는 옳고 그름을 따져야 할 때도 있다. 과거를 돌아봐야 할 때도 있다. 그러나 문재인·윤석열 정부를 거쳐 오는 동안 원고와 피고, 또는 검사와 변호인처럼 서로 편을 갈라 과거를 캐고 따지는 싸움이 너무 심하게 반복되었다. 29건의 탄핵과 그에 맞서겠다는 계엄, '편' 가름의 점입가경이 우리의 현실이다.

지금 우리에게는 '꿈꾸는' 리더가 보이지 않는다. 정죄하고 심판하는 리더가 아니라 국가 미래 어젠다를 만들고 상대방을 설득해 합의를 끌어내는 포용의 리더가 절실하다. '정치 기술자', '법 기술자'가 아니라 '꿈꾸는 사람' 아니 '꿈꿔본 사람'들이 바꿔나가는 대한민국으로 나가야 한다. '편'의 나라를 '꿈'의 나라로 만들어야 한다. 그래야 지금 닥친 대한민국의 위기를 극복할 수 있다.

새로운 대한민국을 만드는 반란은 리더가 앞장선다. 그
러나 리더가 모든 것을 할 수는 없다. 반란에 참여하는 모
든 사람이 진심으로 행동하지 않으면 결코 성공할 수 없다.
한 사람 한 사람이 각각 느낀 분노를 나 하나의 분노에 그치
지 않고 미래를 향해 모아내야 한다. 김대중 대통령이 '행동
하는 양심'을 말한 것도, 노무현 대통령이 '깨어있는 시민의
조직된 힘'을 강조한 것도 이 때문이다.

결국 많은 사람이 함께할 때 꿈꾸는 나라가 온다. '아래
로부터의 반란'이 필요하다. 한 사람의 외침은 작지만, 수많
은 목소리가 모이면 세상을 바꿀 수 있다. '모두의 나라, 내
삶의 선진국'은 그런 세상이다. 우리는 국민이 강한 나라다.
위기 때마다 국민이 지켜낸 나라다. 국민이 마음먹으면 무
엇이든 해낼 수 있는 나라다. 자신감을 갖자.

'유쾌한 반란'은 이미 시작되었다. 싸움질만 일삼는 정
치, 한 번 잡으면 놓을 줄 모르는 기득권, 무기력하게 소멸
로 향하는 사회에 대한 근본적인 저항이자 절규다. 나는 무
허가 판잣집 소년가장에서 출발해 사회로부터 이루 말할
수 없는 혜택을 받아 누렸다. 마땅히 헌신하며 돌려주어야

한다. 기꺼이 그 유쾌한 반란에 앞장서겠다. 변화의 물결을 일으키고, 더 많은 이들이 동참하는 새 시대를 여는 데 나의 모든 것을 바치겠다.

'모두의 나라, 내 삶의 선진국'을 향한 반란, 그 유쾌한 반란에.
그대. 함께 가자.